PAOLO FAVOLE

Geschichte der Architektur
20.|21. JAHRHUNDERT

PRESTEL
München · London · New York

INHALT

EINFÜHRUNG

Der Wiederaufbau war in der Nachkriegszeit in Italien, Frankreich, England, Deutschland und den Niederlanden ein zentrales Thema und von hoher Bedeutung. Besonders auf dem Gebiet des Wohnungsbaus musste innerhalb von kurzer Zeit ein großer Bedarf befriedigt werden, sodass nach neuen Lösungen gesucht wurde. Die Entwürfe der damaligen Zeit weisen charakteristische Eigenschaften und eine vielfältige Architektursprache auf, auch zeigen sich eigenständige nationale Lösungen. In den Vereinigten Staaten, die keine Kriegsschäden zu beklagen hatten, arbeitete damals eine Gruppe europäischer Architekten, die sich in ihrer Architektursprache ganz der Moderne verpflichtet fühlten. Im Gegensatz dazu nimmt ihr Zeitgenosse, der letzte große amerikanische Architekt Frank Lloyd Wright, eine Sonderstellung ein. Er arbeitete vollkommen unabhängig von den Vertretern der Moderne, wie seine von ihren Entwürfen sehr verschiedenen Gebäude deutlich machen.

In den 1950er Jahren prägten zwei andere herausragende Baumeister die europäische Architektur: Alvar Aalto, für den Architektur immer ortsgebunden war, und Le Corbusier, der behauptete, eine vollkommene Architektur passe an jeden erdenklichen Ort. Beide Architekten schufen innovative Meisterwerke. Die von Le Corbusier errichteten Gebäude in Brasilien, den Vereinigten Staaten und in Indien, aber auch sein Einfluss auf die japanische Architektur führten eine neue Architektursprache in diesen Ländern ein und brachen mit jahrhundertealten Traditionen. In den 1960er Jahren entstanden vor allem in England und Japan radikale Strömungen, die sich insbesondere im Städtebau und in Architekturutopien manifestierten. Sie haben Architekturtendenzen wie den Brutalismus und die Hightecharchitektur maßgeblich beeinflusst, die weltweite Dimensionen annahmen. Doch es gab auch Vertreter einer eigenen Architektursprache, wie zum Beispiel Louis Kahn mit seinen absolut klassischen, metaphysischen Bauwerken und Hans Scharoun, der als letzter Vertreter der expressionistischen Architektur zum Vorläufer des Minimalismus und des Dekonstruktivismus wurde.

In den 1980er Jahren verlagerte sich das Interesse durch die Globalisierung und das Bestreben der Städte, ein eigenes, unverwechselbares Stadtbild zu präsentieren, auf den Bau von Repräsentativbauten, für die sich dank neuer Techniken und Materialien innovative Ausdrucksmöglichkeiten boten. Oft stammten die Entwürfe von Stararchitekten, die ihrerseits in dem Bemühen um Wiedererkennbarkeit eine immer radikalere Architektursprache entwickeln mussten – von der Postmoderne zur Hightecharchitektur, vom Minimalismus zum Dekonstruktivismus und dem Hedonismus in der Architektur.

Ludwig Mies van der Rohe, Detail der Neuen Nationalgalerie, 1962–1968, Berlin

Die Idealvorstellung von Gebäuden ohne Wände findet in der Neuen Nationalgalerie ihre Umsetzung, zu sehen ist der Innenhof des Museums. Die Stützen tragen ein schwarzes Flachdach, dessen Konstruktion sichtbar ist, die Wände sind vollständig verglast. Hier kommt das Streben nach dem Unendlichen zum Ausdruck, dem man in den Arbeiten von Mies van der Rohe immer wieder begegnet – bei seinen verglasten Wolkenkratzern und vor allem beim Farnsworth House: ein Gebäude ohne Wände, reduziert auf Stützen und Dach, parallel zum Horizont ausgerichtet und transparent für Einblicke von außen.

DER WIEDERAUFBAU

Nach dem Ende des Zweiten Weltkriegs, im Jahr 1945, mussten viele europäische Staaten immense Probleme bewältigen: Der Wiederaufbau ganzer Siedlungsgebiete und einzelner Gebäude musste vorangetrieben werden – Wohnbauten, Fabrikgebäude, Bahnhöfe und vieles mehr. Diese Entwicklung ging mit einem relativ ungeordneten Verstädterungsprozess einher, der sich in einem nie zuvor gekannten Maß vollzog. Zugleich ging es um die qualitative und technische Anpassung der erhaltenen Bausubstanz. Jedes Land fand in dieser Zeit zu eigenen Lösungsansätzen.

In Deutschland, wo während des Krieges viele Städte dem Erdboden gleichgemacht worden waren, überlegte man die historischen Stadtzentren »in ihrer ursprünglichen Form am gleichen Ort neu aufzubauen«. Dieses restaurative Denken als Hauptkriterium des Wiederaufbaus hatte seine Wurzeln in dem Bestreben, baulich eine neue nationale Identität zu schaffen. Früher wurde diese Identität in vielen historischen Stadtzentren durch die mittelalterliche und barocke Architektur verkörpert, die als prägende Elemente bis in die Jahre nach dem Ende des Ersten Weltkriegs erhalten geblieben waren. Die »Moderne« wurde wie in einem Ausstellungskatalog mit typologischen, von namhaften Architekten entworfenen Wohnungsbauprojekten präsentiert. Das bekannteste Beispiel ist das 1957 erbaute Hansaviertel in Berlin. Die hier entstandenen Bauten hatten allerdings nur eine untergeordnete Bedeutung für den deutschen Wohnungsbau der Nachkriegszeit. Dieser orientierte sich vielmehr an den Regeln des Rationalismus, einer Architekturschule, die vor allem für das Vorkriegsdeutschland charakteristisch war.

In Frankreich hingegen wurde die Organisation des Wiederaufbaus in jeder Stadt einem bestimmten Architekten übertragen. So entstanden sorgfältig ausgearbeitete Pläne und Projekte, und die Ergebnisse waren oft hervorragend, wie zum Beispiel beim Wiederaufbau von Le Havre, der die Handschrift von Auguste Perret trägt. Der Wiederaufbauplan von Le Corbusier für Saint-Dié-des-Vosges wurde hingegen von der Bevölkerung, den Gewerkschaften, den politischen Parteien und den Behörden abgelehnt. In den zerstörten Stadtzentren entstanden Neubauten und in den Stadtteilen an der Peripherie zahlreiche Dienstleistungseinrichtungen, damit auch diese Viertel selbstständig funktionierten.

Auguste Perret, Gebäude,
1950er Jahre, Le Havre, Frankreich

Der Ansatz in England war ein grundlegend anderer: In den Stadtzentren baute man nur die zerstörten Bereiche wieder auf. Die Stadterweiterungen wurden als Neugründungen geplant und waren stark vom Gartenstadtgedanken beeinflusst. Als Antwort auf die Megastädte entstanden innerhalb von 20 Jahren 18 dieser autonomen New Towns, die über eine eigene Infrastruktur verfügten und sich wie ein Kranz um die Großstädte herum entwickelten. Dieses städtebauliche Grundmodell mit seinem verkehrsberuhigten Verwaltungs- und Einkaufszentrum sowie unterschiedlich gestalteten Wohnquartieren war einzigartig. Die Straßen wurden stets an der Peripherie geführt. Es gab viele Grünzonen, und die Gewerbebereiche wurden gesondert ausgewiesen. Die guten Ergebnisse entsprechen dem für die Engländer typischen Empirismus. Dieses städtebauliche Grundmodell wurde in der Folge auch in Schweden und Dänemark aufgegriffen – beides Länder, in denen es keine Kriegszerstörungen gab.

In den Niederlanden baute man die zerstörten Stadtzentren ohne Rücksicht auf früher existierende historische Gegebenheiten nach völlig neuen Entwürfen wieder auf. Insbesondere Rotterdam ist dafür ein Beispiel. Die Stadtzentren wurden auf neuen Terrains gegründet, die dem Meer abgerungen worden waren. Die hier errichteten Stadtquartiere gelten als beispielhaft, da sie im Geist einer stilistisch hoch entwickelten Architekturschule entstanden. Das gilt für das gesamte 20. Jahrhundert. Das Ergebnis waren komplexe städtebauliche Ensem-

► **Luigi Carlo Daneri, Eugenio Fuselli, Forte Quezzi, Il Biscione, 1958–1964, Genua**

Dieses Wohngebiet wurde im Rahmen des Fanfani-Plans für Wohnungsbau errichtet. Amintore Fanfani war Minister der Regierung De Gasperis. Das Hauptgebäude ist mehr als einen Kilometer lang und folgt mit seinem schlangenlinienförmigen Grundriss dem Geländeverlauf. Es ist sowohl in seiner Typologie als auch in der Formgebung eindeutig von Le Corbusier beeinflusst. Das Gebäude bildet eine Mauer, die den oberen Abschluss der Stadt markiert. Es öffnet sich nach Süden und bietet eine fantastische Aussicht.

André Lurçat, Wohnquartier in St. Denis, 1950

Der für den Wiederaufbau zuständige Minister Eugène Claudius-Petit war ein Befürworter moderner Architektur und technologischer Neuerungen. Er suchte für jede Stadt einen anderen verantwortlichen Architekten. Lurçat, der zu den Gründungsmitgliedern der CIAM (Congrès Internationaux d'Architecture Moderne) gehörte und einer der Pioniere des Funktionalismus war, wurde der Wiederaufbau von St. Denis übertragen.

bles mit unterschiedlichen Gebäudetypen, die nach rationalen Entwurfskriterien entwickelt und durch vielfältig gestaltete öffentliche Räume miteinander verbunden wurden.

In Italien entwickelte der Staat einen ausgezeichneten Plan für das öffentliche Bauwesen, den sogenannten Fanfani-Plan, der von 1949 bis 1963 sowohl in den Dörfern als auch in den Städten umgesetzt wurde. Dieses Memorandum sah den Bau neuer Stadtteile an der Peripherie der Stadtzentren für die Zuwanderer vor, die in den großen Fabriken arbeiteten. Ein weiterer Plan koordinierte den Bau von Schulen. Der große Bedarf, die Eile und das geringere architektonische Niveau führten dazu, dass die Ergebnisse durchweg bedeutungslos blieben. Es waren keinerlei Bezüge zu den großen internationalen Vorbildern zu erkennen. Man gab der naheliegenden Versuchung nach, eine Architektur zu schaffen, die ortsübliche Bauweisen imitierte, und begründete dies mit kulturellen Traditionen. Die »volkstümliche« Architektursprache ist auch an so bedeutenden Beispielen wie dem Stadtviertel La Martella am Stadtrand von Matera zu erkennen.

England beschloss zwischen 1942 und 1946 in weiser Voraussicht ein ganzes Gesetzeswerk, das die Bodennutzung regelte und sich mit Stadtneugründungen befasste. Italien, Frankreich, die Niederlande, Deutschland und England waren die Länder, die am meisten unter den Kriegszerstörungen gelitten hatten. Die anderen europäischen Länder standen nicht in dem Maß vor den Problemen eines Wiederaufbaus und waren deshalb von den Entwicklungen der Architekturströmungen nicht in gleicher Weise betroffen.

ITALIEN

In der Nachkriegszeit gab es in Italien eine mehrschichtige Problematik. Einerseits ging es um den Wiederaufbau der im Krieg zerstörten Gebäude, deren Anteil mit etwa fünf Prozent am nationalen Kulturgut zwar prozentual gesehen niedrig, zahlenmäßig jedoch sehr hoch lag. Hinzu kamen das Problem einer allgemeinen Wohnungsnot und der hohe Bedarf an Renovierungs- und Sanierungsmaßnahmen bei bestehenden Wohngebäuden. Dieser Bedarf überstieg den der Wiederaufbaumaßnahmen. Zahllose Wohnungsbauten waren überaltert, ohne zeitgemäße Sanitärausstattungen und noch dazu hoffnungslos überbelegt – und dies in einem Land, das noch vorwiegend agrarisch geprägt war. Hinzu kam eine enorm hohe Migrationsbewegung. Viele Menschen aus dem Veneto und aus Süditalien zogen in die Industriegebiete, nach Piemont oder in die Lombardei. Dadurch ergaben sich Wohnraumprobleme und ein hoher Bedarf an Gebäuden für Dienstleistungseinrichtungen. Die Behörden beschäftigten sich damals ausschließlich mit dem Wiederaufbau, der Städtebau wurde sträflich vernachlässigt. Die einzigartige Gelegenheit, die großen und kleinen Stadtzentren qualitätvoll neu zu gestalten, wurde nicht erkannt. Im Rahmen des Fanfani-Plans, der zwischen 1949 und 1963 von der staatlichen INA-Casa umgesetzt wurde, entstanden in diesem Zeitraum 350 000 neue Wohnungen in Italien. Die Verwaltung dieser neuen Bausubstanz wurde später in die Hände der Sozialwohnungsbehörden der einzelnen Provinzen gelegt. Trotz des Städtebaugesetzes aus dem Jahr 1942 war die Spekulation auf dem Bausektor weit verbreitet – sowohl bei den Stadterweiterungsmaßnahmen als auch bei den allgemeinen baulichen Aktivitäten in den urbanen Zentren. Dieses Phänomen war in Italien vermutlich gravierender als in den anderen europäischen Ländern. Weite Teile des italienischen Stiefels sind durch den baulichen Wildwuchs jener Jahre nachhaltig verunstaltet worden. Hinzu kamen noch andere dramatische Ereignisse, wie der Zerfall wertvoller historischer Bausubstanz zum Beispiel in Agrigent oder durch Überschwemmungen in Venedig und Florenz.

▶ Ludovico Quaroni, Wohnhaus und Kirche in der Wohnsiedlung La Martella, 1951–1954, Matera, Italien

Die Wohnsiedlung, die im Grunde ein eigenständiger kleiner Ort ist, wurde geplant, um den Bewohnern der Höhlen neue Wohnungen zur Verfügung zu stellen. Diese Unternehmung galt damals als beispielhaft. Die Bewohner waren Bauern, für die die Architekten Wohnhäuser im ländlichen Stil und eine von den traditionellen Formen inspirierte Kirche entwarfen. Die Gebäude wurden alle in recht großem Abstand zueinander errichtet, sodass der Eindruck einer Gartenstadt entsteht.

Eugenio Montuori, Annibale Vitellozzi und andere, Eingangsfassade der Stazione Termini, 1947, Rom

Unmittelbar nach dem Krieg wurde ein Wettbewerb zur Fertigstellung des Hauptbahnhofs von Rom ausgeschrieben, den die Architekten Montuori und Vitellozzi (1947) gewannen. Sie planten einen schlanken Baukörper für die Büros und eine von einem geschwungenen Betondach gedeckte, seitlich verglaste Eingangshalle, die der Volksmund sogleich »Dinosaurier« taufte. Dieses Bauwerk trägt sowohl Merkmale des Rationalismus als auch der organischen Architektur.

Zwischen einem hastigen Wiederaufbau und der Spekulation fiel der Architektur die Rolle einer Verliererin zu. Die Entwürfe waren dürftig und die verwendeten Materialien von minderer Qualität. Es gab kaum bedeutende Architektenpersönlichkeiten in jener Zeit, und kaum einer erlangte eine internationale Reputation.

Trotz allem entstanden in diesen Jahren einige Wohnviertel von bemerkenswerter Qualität, zum Beispiel Falchera in Turin (Bauzeit ab 1951), Ponticelli in Neapel (in den 1950er Jahren) und Tiburtino in Rom (1955). Auch das Stadtquartier QT8 in Mailand ist an dieser Stelle zu nennen, das anlässlich der Triennale im Jahr 1957 konzipiert wurde und die einzige städtebauliche Maßnahme darstellt, die im europäischen Vergleich von Bedeutung ist.

Die interessantesten Beispiele aus jener Zeit sind neu gegründete Siedlungen wie in Ivrea bei Turin oder die Siedlung Metanopoli in San Donato Milanese bei Mailand. Der katholische Unternehmer Adriano Olivetti hatte den Wunsch, ein Zentrum zu bauen, in dem die Belegschaft seiner Firma wohnen sollte – die Führungskräfte ebenso wie Angestellte und Arbeiter. Mit dem Bau der kleinen Siedlung außerhalb von Ivrea wurde bereits vor dem Zweiten Weltkrieg begonnen. An der Planung von Bürogebäuden, Wohnhäusern, Fabriken, Schulen und einem Hotel waren neben bekannten Architekten auch solche beteiligt, die sich hier einen Namen machten. Zum Teil wurden dabei experimentelle Gebäudetypen verwirklicht. Es entstand ein Komplex, der nicht nur hinsichtlich seiner städtebaulichen Konzeption bemerkenswert war, sondern auch, weil er mit vielen italienischen Bautraditionen brach. Enrico Mattei gründete 1958 die Siedlung Metanopoli in San Donato Milanese, eine Stadt für die Mitarbeiter von Eni, dem italienischen Erdöl- und Energiekonzern. Hier entstanden Wohngebäude, Büros, Labors und alle Arten von Dienstleistungseinrichtungen. Die Stadt war am Reißbrett konzipiert worden und orientierte sich in ihrer geometrischen Formensprache an Vorbildern aus Deutschland. Sie kann als Gartenstadt bezeichnet werden. Typisch für den Formenkanon des Neorealismus war vor allem die unmittelbare Nachahmung von volkstümlichen, dörflichen Vorbildern oder Stadtrandsiedlungen. Sie schienen in ihrem Gegensatz zur figurativen Abstraktion besonders authentisch zu sein und vereinbarten die landesübliche traditionelle Architektursprache mitsamt ihren Gebäudetypen und dem figurativen Ausdruck mit den neuen Ansprüchen und funktionalen Lösungen. Dabei vollzog die italienische Kultur eine Kehrtwendung: Sie zog sich auf eine Position innerer Besinnung zurück und verlor dadurch den Anschluss an die aktuellen internationalen Architekturentwicklungen. Dieser Neorealismus fand seinen Ausdruck unter anderem in den von Ignazio Gardella entworfenen Wohngebäuden in Allessandria und einem 1954 errichteten Wohnhaus in Venedig. Das Arbeiterviertel in Cesate (1950–1954) ist das Werk der berühmtesten Mailänder Architekten jener Zeit: Franco Albini, Ignazio Gardella und Ludovico Barbiano di Belgiojoso. Sie entwickelten dörfliche Strukturen in einer modernen Formensprache. Man kann in diesem Zusammenhang auch die Sozialwohnungen von Mario Ridolfi und Wolfgang Frankl in Rom und Terni (1950–1960) anführen. Bei dem Stadtviertel La Martella von Ludovico Quaroni außerhalb von Matera (1951–1954) handelte es sich um eine Wohnsiedlung mit kleinen Einfamilienhäusern. Das Dorf wurde von der Gartenstadt abgelöst, in der auch die Bewohner der Höhlenwohnungen Sassi di Matera eine neue Heimat finden sollten. In diesem kul-

Links
Carlo Scarpa, Castelvecchio-Museum, Innenansicht mit der Statue des Cangrande della Scala, 1958–1964, Verona

Die Gestaltung dieses Museums ist bespielhaft für die Entwurfsqualität und die Einbeziehung der ausgestellten Kunstwerke. Die Reiterstatue steht hoch oben auf einem Sockel, der an die Grabmäler der Scaliger erinnert. Dank der gefluchteten Türen und der diagonalen Positionierung ist die Statue von allen Ausstellungssälen im ersten Geschoss sichtbar. Der Sockel besteht aus Sichtbeton und die Wände im Hintergrund aus unbehauenen Natursteinbrocken – Materialien, die durch ihre grobe Einfachheit den mittelalterlichen Charakter des Bauwerks aufnehmen.

Franco Albini, Innenraumansicht des Museo del Tesoro di San Lorenzo, 1956, Genua

Der Architekt lieferte hier eine Interpretation des unterirdischen Museums, indem er, nach dem Vorbild der griechischen Tholos, drei runde Räume mit intimer und magischer Atmosphäre schuf. Der Bodenbelag ist aus Naturstein, der von Steinbrüchen an der Küste stammt, die Gewölbedecken sind wie ein Strahlenkranz aus Betonrippen gestaltet, mit einem Oberlicht in der Mitte, sodass die ausgestellten Objekte durch das von oben einfließende Tageslicht beleuchtet werden.

turgeschichtlichen Rahmen muss auch das 1959 in Mailand errichtete Wohn- und Bürogebäude Torre Velasca des Büros BBPR gesehen werden, das an einen mittelalterlichen Turm erinnert. Es unterscheidet sich von den anderen genannten Beispielen durch seine architektonische Qualität und seine Dimensionen. In dem geistigen Klima dieser Zeit entwickelte sich auch der italienische Architekturstil des Neoliberty, dessen erstes Beispiel das Gebäude der Bottega di Erasmo (1956) in Turin von Roberto Gabetti und Aimaro Isola darstellt. Der Neoliberty wurde dann in Mailand mit einigen anderen Projekten weiterentwickelt. Auch einige herausragende Einzelbauwerke sind in diesem Zusammenhang zu nennen, etwa der neue Hauptbahnhof in Rom, die Stazione Termini, ein Bauwerk, das als Ergebnis eines Wettbewerbs zu sehen ist. Seine besonderen Merkmale sind das weit auskragende Vordach und die großen Glasflächen. Auch an die von Mario Fiorentino und anderen Architekten geplante Gedenkstätte für die Märtyrer in den Ardeatinischen Höhlen in Rom ist zu denken, die mit ihrer starken Signalkraft beeindruckt, oder an die schlichte Kirche Madonna dei Poveri in Mailand von Luigi Figini und Gino Pollini aus dem Jahr 1955. Nicht zuletzt sind auch das Wohnhaus Luigi Moretti (1956) und das von Piero Bottoni (1958) in Mailand erbaute Hochhaus zu nennen.

Seit Ende der 1950er Jahre förderte die Regierung mehr als ein Jahrzehnt lang den Neubau zahlreicher Museumsbauten, die sich insgesamt durch eine hohe Qualität auszeichnen und eine italienische Besonderheit darstellen. Die Kunstwerke wurden in neuen Räumen und darin integrierten, neuen szenografischen Gestaltungen präsentiert, die selbst zu Ausstellungsobjekten wurden. Franco Albini entwarf 1956 das Museo del Tesoro di San Lorenzo in Genua in Form von drei unterirdischen Kuppelgräbern, die von lamellenförmig gefächerten Betonrippen überdacht werden. Auch die Museen des Palazzo Bianco und Palazzo Rosso gehen auf ihn zurück.

Aufgrund der hohen architektonischen Qualität seiner Entwürfe, der sensiblen Materialauswahl und der fein ausgearbeiteten Details ist Carlo Scarpa wohl der herausragendste Vertreter dieser Architekturepoche. Er arbeitete in Palermo im Palazzo Abatellis (1954) und in den Uffizien in Florenz (1956) zusammen mit Ignazio Gardella und Giovanni Michelucci. Scarpa erweiterte

► BBPR, Torre Velasca, 1956–1958, Mailand

BBPR ist ein Akronym, das aus den Anfangsbuchstaben der vier Bürogründer zusammengesetzt ist (Gian Luigi Banfi, Lodovico Barbiano di Belgiojoso, Enrico Peressutti, Ernesto Nathan Rogers). Dieses Hochhausprojekt war allerdings nur die Arbeit der drei Letztgenannten; Banfi war während des Zweiten Weltkriegs in einem Konzentrationslager umgekommen. Dennoch werden stets alle vier Initialen angegeben.

auch die Gipsoteca, die Sammlung der Gipsabdrücke der Werke von Antonio Canova in Possagno (1957). Für das Museo Correr in Venedig erarbeitete er eine neue museografische Systematik und realisierte die fantastische Restaurierung und den Umbau des Museo di Castelvecchio in Verona (1958–1964). Dabei ging es stets um die Gestaltung der Choreografie des Besucherrundgangs. Zu den bedeutenden Museumsbauten dieser Zeit gehört auch der Neubau des Museo del Castello 1956 in Mailand vom Büro BBPR.

Nach 1960 orientierte sich die Architektur an ganz unterschiedlichen internationalen Tendenzen. Die »Ingenieure« schufen poetische Gebäude von hoher Qualität, wobei sie bevorzugt mit Stahlbeton arbeiteten, der sich wunderbar zu plastischen Formen gestalten lässt. So baute Pier Luigi Nervi 1960 die Ausstellungshalle Palazzo del Lavoro in Turin, und Riccardo Morandi realisierte das Polcevera-Viadukt, das von riesigen Portalrahmen getragen wird. Zusammen mit Silvano Zorzi baute Morandi auch die vielen neuen Autobahnbrücken, eine einzigartige Leistung der Straßenbautechnik. Der 1978 fertiggestellte Nuovo Mercato dei Fiori, der neue Blumenmarkt in Pescia, stammt von Leonardo Savioli und ist ein Exkurs in die Welt des Hightech. Der Brutalismus mit seinen sichtbaren Stahlbetonfassaden wurde beispielhaft im Istituto Marchiondi in Mailand durch Vittoriano Viganò aufgenommen. In den Bauten von Leonardo Savioli in der Toskana und von Marcello D'Olivo im Friaul nahm er betont expressionistische Formen an. 1961 begann Giovanni Michelucci mit dem Bau der Autobahnkirchen, und auch er setzte dabei den Formenkanon des Brutalismus ein. Den Innenraum und die Fassaden plante er komplett aus Sichtbeton, zugleich bediente er sich der Sprache des Expressionismus durch den Einsatz eines großen Segels aus Kupfer, getragen von geneigten baumförmigen Stützen – eine Erinnerung an die Architektur Antoni Gaudís. Luigi Carlo Daneri baute 1964 in Genua die Sozialwohnungen im Stadtteil Forte Quezzi. Das zentrale Gebäude besteht aus fünf jeweils 300 Meter langen Baukörpern und folgt dem natürlichen Geländeverlauf des Hügels, auf dem es errichtet wurde. Aus diesem Grund wird es auch »Il Biscione«, die Riesenschlange, genannt. In dem Gebäudekomplex sind auch öffentliche Einrichtungen untergebracht, darunter der Kirchenraum. Es handelt sich um eine eigenwillige Interpretation von Le Corbusiers Unités d'Habitation und ist dem Baukomplex von Affonso Eduardo Reidy in Rio ähnlich.

Carlo Scarpa plante 1969 bis 1978 den Friedhof Tomba Brion in San Vito d'Altivole, einen privaten Friedhof, den er wie einen architektonischen Kreativpark konzipierte. Auch hier sind alle Details mit größter Sorgfalt ausgearbeitet. Es gibt ruhige Wasserflächen, symbolträchtige Designelemente und Elemente des Zen-Buddhismus.

In Mailand realisierte Gio Ponti 1960 gemeinsam mit anderen Architekten den ersten Wolkenkratzer Italiens, das Pirelli-Verwaltungsgebäude. Das Besondere dieses Bauwerks ist sein länglicher, sich an den Schmalseiten verjüngender Grundriss. Die Fassaden sind voll verglast und werden nur von den sichtbaren Stützen rhythmisiert. Das Gebäude ist von ausgesuchter Raffinesse und Originalität.

In den 1960er Jahren erlangte dank einiger weitsichtiger Unternehmer, hervorragender Designer und einer allgemeinen Experimentierfreude das Objektdesign für Möbel und Gegenstände aller Art große Bedeutung, darunter Sitzmöbel, Radios, Haushaltsgeräte und verschiedene Accessoires. Dieses einzigartige Phänomen jener Zeit hat dazu beigetragen, dass qualitätvolles italienisches Design in der ganzen Welt verbreitet wurde. Seit den 1980er Jahren findet auch die italienische Architektur mit bedeutenden Bauwerken wieder Anschluss an die globalen Architekturströmungen.

► Gio Ponti, Pirelli-Hochhaus, 1960, Mailand

Es ist das bedeutendste Hochhaus in Italien, und es ist die höchste Stahlbetonkonstruktion der Welt. Durch die sich an den Enden verjüngende Linienführung entstanden sehr schlanke Kopfenden, während die verglasten Fassaden als vorgehängte Glas-Aluminium-Fassade ausgeführt sind. Das schwebende Dach verleiht dem Gebäude eine angenehme Leichtigkeit.

Giovanni Michelucci, Autobahnkirche, 1961, Florenz

Dieses Gebäude ist das Hauptwerk von Michelucci, der mehrere Kirchenbauten geplant hat. Es befindet sich unmittelbar an der Autobahn und ist ein Kirchenzelt für Reisende. Das Zeltdach wird von geneigten Stützen getragen, die wie Bäume ein unterschiedliches Profil haben. Die Ausdruckskraft des Gebäudes wird durch die harten Materialien, Naturstein, Sichtbeton und Kupfer, noch besonders betont.

FRANKREICH

In Frankreich wurde der Wiederaufbau nach dem Zweiten Weltkrieg in jeder Stadt in die Hände jeweils eines Architekten gelegt. Die Anzahl der in kurzer Zeit realisierten Baumaßnahmen ist beeindruckend: 800 Wohnungen in Straßburg, 700 in Angers, 1200 in Saint Etienne, 2600 in Lyon. Die Architekten vieler dieser damals entstandenen Bauten heißen André Lurçat, Marcel Lods, Eugène Élie Beaudoin, Jean Prouvé – die sich als Erben des Rationalismus verstanden – und natürlich Le Corbusier, der in St.-Dié-des-Vosges tätig werden sollte, dem der Auftrag jedoch letztlich wieder entzogen wurde. Der Wiederaufbau des Stadtzentrums von Le Havre, das im Krieg fast dem Erdboden gleichgemacht worden war, lag in den Händen von Auguste Perret, der zu diesem Zweck ein Büro in Le Havre gründete, das bis Ende 1950 bestand. Der Architekt ließ die wenigen übrig gebliebenen Ruinen abreißen und legte die neu zu errichtende Innenstadt auf einem orthogonalen Raster an. Es waren nur wenige unterschiedliche Gebäudetypen mit jeweils vier oder zwölf Geschossen vorgesehen, die in regelmäßiger Folge wiederholt wurden. Perret selbst entwarf das Rathaus (1958) und die Kirche St. Joseph (1957).

Seinen Architekturprinzipien folgend, gab es ein Fassadenraster, das mit verglasten Flächen ausgefacht war. Die Fassaden waren homogen und wurden durch versetzt angeordnete Balkone alle zwei bis drei Geschosse und durch die Rahmen der Fassadenöffnungen belebt. Da die Ausführung der Bauten schnell vonstattengehen musste, wurden Teile der Konstruktion und der Fassaden als Fertigteile hergestellt. Der Entwurf basierte auf einem Grundmodul von 6,36 m Länge, das bei jedem Gebäude zwölf- oder vierundzwanzigmal wiederholt wurde.

Die Kirche war als kubischer Betonbaukörper konzipiert, dessen Glasflächen als senkrechte Bänder in die Fassade eingelassen sind, ähnlich denen der in den 1920er Jahren errichteten Kirche Notre-Dame du Raincy in dem Ort Le Raincy. Über der Mitte des Kirchenschiffs erhebt sich ein schlanker, achteckiger, mehr als 100 Meter hoher Turm wie ein symbolischer Leuchtturm am Hafen. Dieser Turm ist zugleich eine Gedächtnisstätte für die Toten, die bei den Bombardements umgekommen sind. Perret hat seine Wurzeln – trotz seiner eigenständigen Architektursprache – in der französischen Bautradition. Deren Antagonismen bestehen einerseits in der städtebaulichen Gleichförmigkeit, als Ergebnis der von Napoleon III. aufgestellten Bauordnung, und andererseits in den schlanken Türmen der Gotik. Die Einheitlichkeit der Entwürfe und Farben, die Anordnungen und rhythmischen Strukturen und nicht zuletzt die Qualität der Freiräume schaffen ein eindrucksvolles Stadtbild, das in Europa seinesgleichen sucht. Trotz zahlreicher kritischer Stimmen wurde die von Auguste Perret wieder aufgebaute Innenstadt von Le Havre 2005 in die Liste des Unesco-Weltkulturerbes aufgenommen.

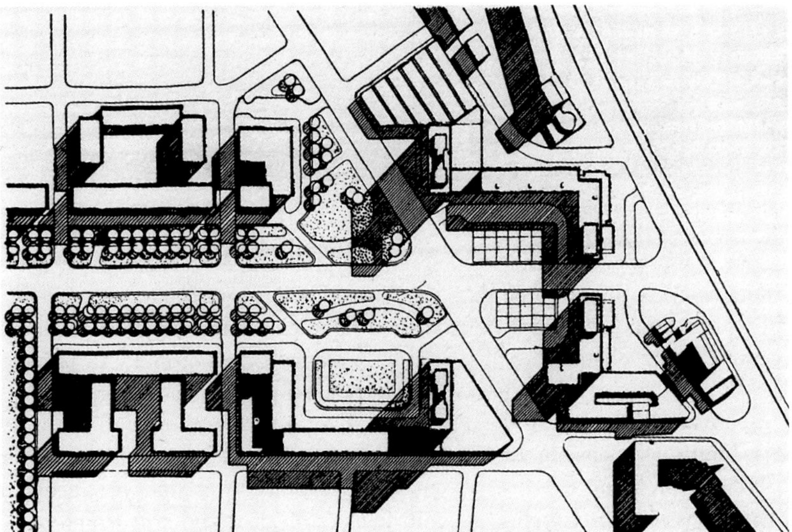

► Auguste Perret, Kirche St. Joseph, 1958, Le Havre, Frankreich

Dies ist das letzte Werk von Auguste Perret: eine Kirche mit einem zentralen Kirchenschiff, das den Formenkanon sehr gut zum Ausdruck bringt. Die kartesische Stahlbetonkonstruktion bleibt sichtbar, der Baukörper ist kubisch, während die Lage – fast unmittelbar am Meeresufer und sozusagen den Kopf eines Stadtviertels bildend – Bilder einer Landmark in Gestalt eines langen, schlanken, nadelförmigen Leuchtturms entstehen lässt. Die Betonmauern sind, wie bei Perrets Kirchenprojekt in Le Raincy 30 Jahre zuvor, in einer sehr persönlichen Interpretation der Gotik mit farbigen Glasfenstern durchbrochen.

Auguste Perret, Stadtgrundriss für Le Havre, Ende der 1940er Jahre, Frankreich

Nachdem die wenigen, nach den Bombardements verbliebenen Ruinen abgetragen worden waren, ließ Perret die Stadt ohne Berücksichtigung des früheren Wegenetzes auf einem regelmäßigen Raster aufbauen, mit einer breiten Hauptstraße, die zum Meer führt.

DAS MEISTERWERK

DIE UNITÉ D'HABITATION

Le Corbusier fand seine eigene Antwort auf das Problem des Wiederaufbaus, und wie immer war sie originell und kompromisslos. Eine Unité d'Habitation ist ein groß dimensioniertes Geschosswohnungsbauwerk für etwa 1300 Bewohner, das sich auch als Wohngebäude mit Dorfcharakter bezeichnen lässt. In der Unité gab es Ladengeschäfte, ein Hotel, einen Kindergarten, eine Sporthalle und einen Joggingparcours. Sie war eine Synthese der Idealvorstellungen der Utopisten im 19. Jahrhundert (allerdings ohne deren soziale Komponente), von Le Corbusiers eigenen städtebaulichen Entwürfen, des russischen »dom kommuna« (dem Kommune-Haus) und der niederländischen Plattenbauten, die hier übersteigert und in der größtmöglichen Dimension umgesetzt wurden, um ihnen einen universellen Wert zu verleihen. Aufgrund seiner Beschaffenheit passte dieses Gebäude in keinen städtebaulichen Maßstab und musste zwangsläufig eine Solitärstellung einnehmen als eine Architektur mit eigener Wertigkeit. Die innenliegenden Korridore der Unité werden als »Straßen« bezeichnet, und jede Wohnung hat ihren eigenen kleinen Balkon.

Rein formal betrachtet ist die Unité ein großer rechteckiger Kasten, der von Betonpfeilern gestützt über dem Boden schwebt. In dem Freigeschossbereich befinden sich die zu Gruppen angeordneten Treppenaufgänge und Fahrstuhlzugänge zu den unterschiedlichen Wohnungstypen. In den meisten Fällen handelt es sich um zweigeschossige Maisonettewohnungen mit getrenntem Wohn- und Schlafbereich. Sie sind versetzt und ineinandergreifend angeordnet und verfügen über drei Geschosse, werden jedoch nur über einen zentralen Straßenkorridor erschlossen. Die Architektur mit ihrem groben Sichtbeton ist dem Brutalismus zuzurechnen.

Die Fassaden sind wie Bienenwaben aneinandergefügt und bestehen aus horizontal verlaufenden Platten, Brüstungselementen und den vertikalen Trennelementen zwischen den Terrassen, hinter denen sich die Wandabschlüsse verbergen. Dies war der neue Formenkanon von Le Corbusier: Die außen sichtbare Struktur ist gleichzeitig die Fassade, die nicht mehr einfach glatt, sondern dreidimensional ist. Damit war es überflüssig geworden, die Hülle des Gebäudes zu entwerfen. Die massiven Körper, wie die Außentreppe, die zum Ladengeschoss führt, die Pilotis und die Kamine sind skulpturale Formen innerhalb der ansonsten sehr zurückhaltenden, puristischen Architektursprache. Die Tiefe der kleinen Balkone ermöglichte die auffällige Gestaltung der Seitenwände in unterschiedlichen Farbtönen. Dass die Unité d'Habitation vom Boden losgelöst ist, zeigt auch, dass ihre Konzeption unabhängig vom Standort war: Sie hatte keinen Bezug zu dem Ort, an dem sie errichtet wurde. So war es möglich, und dies ist einzigartig in der Architektur, dass aufgrund ihrer typologischen Bedeutung und der weitreichenden Aktivitäten Le Corbusiers insgesamt fünf Unités gebaut wurden: vier in Frankreich und eine in Berlin.

Links
Le Corbusier, Unité d'Habitation, Kindergarten auf dem Dach, 1965, Firminy, Frankreich

Im obersten Geschoss des Gebäudes war ein Kindergarten untergebracht, dem die große Terrasse des Flachdachs als Freiraum zum Spielen zugeordnet war.

► Le Corbusier, Unité d'Habitation, 1965, Firminy, Frankreich

Mit diesem isoliert hoch oben auf einem Hügel stehenden Gebäude wurde die Stadterweiterung des Ortsteils Firminy Vert zum Abschluss gebracht. Das Projekt beinhaltete: 400 Wohnungen, 300 Pkw-Garagenstellplätze und 100 Besucherparkplätze, einen Kindergarten auf der Dachterrasse und einen Freiluftclub. Das Gebäude verfügt über 17 Geschosse, die über sechs »Innenstraßen« erschlossen werden.
Diese Unité ist eine Weiterentwicklung der ersten Unité in Marseille. Die Fassade gleicht einem Gefüge von Bienenwaben und besteht aus horizontal verlaufenden Platten und vertikalen Trennelementen zwischen den Terrassen. Die unten stehende Schnittzeichnung zeigt, wie jeweils zwei Maisonettewohnungen, die über einen zentralen Korridor erschlossen werden, versetzt angeordnet sind und ineinandergreifen.

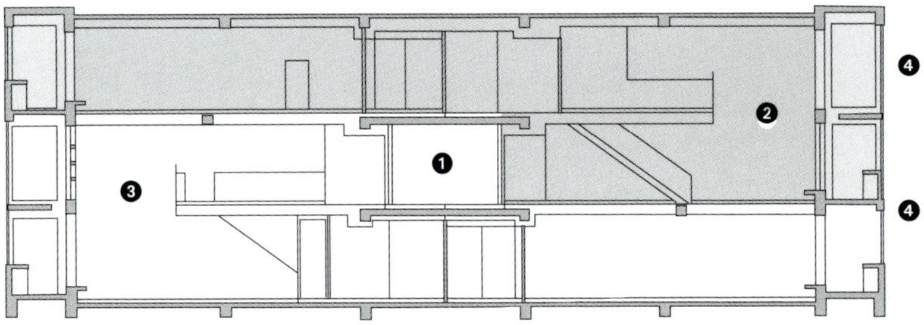

Le Corbusier, Schnitt einer Maisonettewohnung in der Unité d'Habitation

Von der »Innenstraße« (1) hat man Zutritt zu den Maisonettewohnungen der Kategorie »höher gelegen« (2) oder »tiefer gelegen« (3). An den Fassaden sind, entsprechend den Fensteröffnungen, Sonnenschutzvorrichtungen angebracht (4).

ENGLAND

Die Entwicklung der englischen Architektur verlief völlig anders als diejenige im übrigen Europa. Zwischen 1920 und 1940 gab es dort kaum eine nennenswerte Neubautätigkeit und was gebaut wurde, hatte abgesehen von wenigen Fällen nichts mit dem Bauen des International Style, also der Moderne, zu tun.

Nach dem Zweiten Weltkrieg war London die größte europäische Metropole. Um die Hauptstadt herum lag ein Grüngürtel, der aufgrund eines 1939 verabschiedeten Gesetzes, des Green Belt Act, nicht angetastet werden durfte. Während des Krieges wurde die Stadtplanung vorausschauend für die Weiterentwicklung von Greater London ausgearbeitet. Man verabschiedete 1945 und 1946 den Greater London Plan und eine Gesetzgebung für die Gründung neuer Städte, den New Towns Act. Das Besondere in England war, dass die Stadtplanung Vorrang vor der Architektur hatte. Dadurch wurde das Primat des Staates vor den Privatinteressen bestätigt. Die Entscheidung, neue Städte zu gründen statt auf Stadterweiterungen zu setzen, war ein fast einzigartiges Phänomen in Europa. Es hatte seine Wurzeln in dem Gedankengut der Utopisten des 19. Jahrhunderts und in den Gartenstädten Anfang des 20. Jahrhunderts. Mit diesen städtebaulichen Entwicklungen wurde die Bildung von neuen Stadtrandgebieten verhindert und das Gleichgewicht zwischen den bestehenden Kommunen blieb erhalten. Dies wurde von städtebaulich-soziologischen Überlegungen gestützt, die davon ausgingen, dass sich die Neugründung von Siedlungen für 30 000 bis 60 000 Einwohner positiv auf das gesellschaftliche Gefüge auswirkt.

Die zweite Besonderheit bestand darin, dass der Staat die Planung für wesentliche Bereiche der Gesellschaft innehatte: die Schulgesetzgebung (1944) und die Gesetzgebung für den sozialen Wohnungsbau (Housing Act, 1946). Anhand dieser Bestimmungen wurde die Bautätigkeit jahrzehntelang geregelt.

Das dritte Merkmal ist der Pragmatismus, mit dem zahlreiche Bauvorhaben in wenigen Jahren umgesetzt wurden. Dank der Kontrolle durch die öffentliche Hand erreichte man eine gute Durchschnittsqualität. So entstanden nach dem

Unten links
Patrick Abercrombie, Platz im Fußgängerbereich von Stevenage, 1946–1950, Vereinigtes Königreich

Dies ist die erste New Town, die in der Nachkriegszeit in der Nähe von London gegründet wurde. Der Platz liegt am Rand des Stadtzentrums, in der Nähe des Busbahnhofs. Englischer Tradition folgend, steht hier auch ein Uhrenturm.

Unten rechts
Carlo Scarpa, Castelvecchio-Museum, Innenansicht mit der Statue des Cangrande della Scala, 1958–1964, Verona

Das Fakultätsgebäude besteht aus einem Bürohochhaus sowie zwei Baukörpern, die im ersten Obergeschoss trapezförmig auskragen –, in Erinnerung an Konstantin S. Melnikovs Rusakov Arbeiterclub – und ist mit den Werkstätten verbunden. Stirling entwickelte ein Sheddach, das aus kleinen, im 45°-Winkel angeordneten Shedelementen besteht, die mit matten Gläsern verglast sind. So entsteht eine sägezahnförmige Kontur.

Krieg innerhalb eines Jahres 13 neue Städte. Das Prinzip war immer das gleiche: ein verkehrsberuhigtes Stadtzentrum mit allen öffentlichen Dienstleistungseinrichtungen, Ladengeschäften, Büros sowie Kinos und Kneipen. Die Wohngebiete waren jeweils in Stadtteile für 5000 bis 6000 Anwohner unterteilt, wobei auf eine möglichst homogene Nachbarschaft geachtet wurde. In den Wohnvierteln gab es auch die primären Dienstleistungen, Kindergärten, Schulen, Spielplätze. Da es sich bei den Wohnhäusern in der Regel um Einfamilienhäuser handelte, blieb die Verdichtung gering. Die Wohngebiete waren außerdem durchmischt mit Büro- und Gewerbeeinheiten. Die hohe Anzahl an Schulen, die damals gebaut wurden, bestand vor allem in Funktionsbauten. Allerdings gab es auch hier einige Ausnahmen: So plante Denys Lasdun 1954 in Norfolk eine Schule mit einem sternenförmigen Grundriss und abgerundeten Baukörpern.

Auf dem Wohnungsbausektor wurden die ersten großen Projekte in London von dem legendären Büro Tecton geplant, das 1948 seine Tätigkeit einstellte. Dessen Entwürfe waren rein rationalistisch, wie die vier Gebäudeblöcke in Spa Green (1946) und die Wohnhäuser mit Balkonloggien des Projekts Hallfield Estate (1947). Die späteren großen Wohnquartiere unterliegen zwei ausgesprochen englischen Kriterien: dem Nebeneinander von Zeilenbauten, Hochhäusern und niedrigen Einfamilienhäusern und der sorgfältigen Anordnung der Gebäude unter Berücksichtigung freiraumgestalterischer Gesichtspunkte, anstatt dem Diktat der abstrakten Geometrie zu folgen. Die bekanntesten Beispiele in London sind die Churchill Gardens (1947–1962), Häuserblöcke unterschiedlicher Größe für 6500 Bewohner, und vor allem Alton West im Stadtteil Roehampton (1948), das für 9500 Bewohner entstand. Zwei Gruppen von jeweils sieben und acht Hochhäusern, fünf Zeilenbauten und einige Gruppen von Einfamilienhäusern wurden auf dem Terrain in Roehampton verteilt.

In den 1950er Jahren investierte England außerdem viel in Universitätsgebäude, und auch dort waren die Ergebnisse exzellent, wie zum Beispiel das Studentenwohnheim in Norwich von Denys Lasdun und das Gebäude für Ingenieurswissenschaften in Leicester von James Stirling zeigen.

Denys Lasdun, Studentenwohnheim, 1969, Norwich, Vereinigtes Königreich

Dieser große Wohnkomplex ist in die Landschaft am Rand eines Flusstals eingebettet. Der Grundriss hat einen bogenförmigen Umriss und die Fassaden sind gestuft. Dieser Bautyp passt sich perfekt an den Ort an und reduziert den Eingriff in die Landschaft auf ein Minimum.

Unten

LCC Architects Department, Stadtviertel Alton West, Roehampton, 1948, London

Dieses Wohnviertel ist beispielhaft für die Zusammenstellung unterschiedlicher Gebäudetypen und deren Einpassung in die Landschaft. Beides sind wesentliche Charakteristika der englischen Architektur jener Zeit.

NIEDERLANDE

Die Niederlande waren ein neutrales Land, doch zu Beginn des Zweiten Weltkriegs marschierten deutsche Truppen ein, die auf dem Weg über die nur wenig verteidigte Nordgrenze nach Frankreich gelangen wollten. Besonders Rotterdam sah sich 1940 zahlreichen Bombardements ausgesetzt. Die Niederländer haben eine lange Tradition im Städte- und Landschaftsbau, wie es die dem Meer abgerungenen Polderlandschaften immer wieder vor Augen führen. 1941 begannen die Niederländer mit der Ausarbeitung eines neuen Bebauungsplans für Rotterdam, der 1946 verabschiedet wurde und das Stadtzentrum wesentlich veränderte. Im gleichen Zeitraum wurden auch Planungen für die Erweiterung vieler anderer Städte beschlossen, und überall entstanden neue Stadtquartiere.

Maßgeblich beeinflusst wurde dieser »Architekturburbanismus« von dem 1948 gegründeten Büro Van den Broek & Bakema (Jo van den Broek, 1898–1978, und Jacob Berend Bakema, 1914–1981), das zahlreiche städtebauliche Projekte realisierte. Van den Broek & Bakema legten ihren Entwürfen ein kartesisches Koordinatensystem zugrunde, als planten sie für ein vollkommen ebenes Gelände. Ihre Stadtviertel sind durch die sich wiederholenden Wohngebäude charakterisiert, wobei sie bei der Zusammenstellung auf die kompositorische Ausgewogenheit der unterschiedlichen Gebäudetypen achteten: Reihenhäuser, drei- bis viergeschossige Zeilenbauten und Hochhäuser, umgeben von ausgedehnten öffentlichen Grünflächen und Dienstleistungseinrichtungen. Die Straßen wurden fast immer an der Peripherie der Siedlungen entlanggeführt.

Das Büro Van den Broek & Bakema plante auch die Kleine Driene in Hengelo (1958), den Alexanderpolder in Amsterdam (1956) und die nördliche Stadterweiterung von Leeuwarden (1962). Insbesondere der letztgenannte Entwurf zeichnete sich durch ein durchdachtes und vielschichtiges Konzept für die Anordnung der Gebäudekörper aus. 1965 bearbeiteten die Architekten den

Unten und ▶
Büro Van den Broek & Bakema, zwei Ansichten der Lijnbaan, 1949–1955, Rotterdam

Lijnbaan war das erste Einkaufszentrum mit Bürogebäuden, das als reine Fußgängerzone konzipiert und realisiert wurde. Es entwickelt sich an einer langen, breiten, gut ausgestatteten Achse, die auf beiden Seiten von zweigeschossigen Gebäuden mit Flachdächern flankiert wird. Da diese Konzeption sowohl rational als auch funktional war, wurde sie zum Vorbild für zahlreiche Einkaufzentren in Innenstädten und für neue Städte.

A.G.B.
herenmode
Thom Kreuger

Aldo van Eyck, Vogelperspektive des Waisenhauses, 1960, Amsterdam

Dies ist das erste Gebäude von van Eyck, und es gilt als das Manifest des niederländischen Strukturalismus: Ein kleines quadratisches Modul mit zylindrischen Stützen und einem Kuppeldach wurde in ständiger Wiederholung aneinandergereiht, sodass dadurch Klassenräume und Gemeinschaftsräume entstanden, die von einer größeren Kuppel überwölbt wurden. Zu diesem modularen System gehörten Innenhöfe für kleine Kinder und es öffnete sich auf die umliegende Wiese – für die größeren Kinder. Auch wenn es sich um ein starres Modularsystem handelte, war das Gebäude kleinteilig gegliedert und bot, zumindest in seiner Anfangszeit, die Möglichkeit zu Erweiterungen, indem das gleiche Modul wiederholt wurde.

► Herman Hertzberger, Innenraumdetail der Büros des Verwaltungsgebäudes der Centraal Beheer, 1972, Apeldoorn, Niederlande

Das Gebäude baut auf aneinandergereihte quadratische Module von 9 x 9 Metern auf, die jedoch unterschiedlich hoch sind. Sie bilden ein komplexes Gebäude, das wie ein Dorf organisiert und gegliedert ist. Im Gebäudeinneren blickt man von den Büros in den oberen Geschossen auf freie Räume, die fast wie überdachte kleine Plätze wirken und die man über Brücken erreichen kann, als wäre das Gebäude Teil einer überdachten Stadt. Alle Arbeitsplätze sind flexibel, da die Architektur als offene Struktur angelegt und nicht zweckdefiniert ist.

Pampus-Plan zur Stadterweiterung von Amsterdam. In dieser neuen, nach dem Motto »Man kann auch auf dem Land leben« konzipierten Stadtgründung sollten 350 000 Menschen leben. Im Zentrum von Rotterdam führte das Büro Van den Broek & Bakema zwischen 1949 und 1955 das Lijnbaan-Projekt aus. Dabei ging es um die Neuordnung von Rotterdams Hauptgeschäftsstraße, die als reine Fußgängerzone konzipiert wurde. Daneben haben die Architekten zahlreiche Gebäude verschiedener Ausdrucksformen von Posttraditionalismus bis Brutalismus geplant, wie es das Auditorium der Universität Delft (1966) zeigt.

Etwa zur gleichen Zeit entwarf Gerrit Thomas Rietveld das neue Van Gogh Museum in Amsterdam (1973) und Aldo van Eyck die katholische Kirche in Den Haag. Wim G. Quist plante die Erweiterung des Kröller-Müller Museums Otterlo.

Die innovative niederländische Architektur wurde mit dem Begriff Strukturalismus gekennzeichnet – ein Terminus, der die Charakteristika dieser Architektur allerdings nur unzureichend beschreibt. Sie verstand sich als »work in progress«, als Anhäufung einzelner, nach dem Baukastenprinzip zusammengesetzter Module. Daraus entstanden sogenannte »provisorisch« fertiggestellte Gebäude, sodass die geplanten Wohnhäuser oder Bürogebäude theoretisch veränderbar waren und sich die Möglichkeit zu Erweiterungsmaßnahmen bot. Das Grundmodul sollte immer erkennbar sein und ebenso galt es, das Aufeinanderstapeln und die Aneinanderreihung sichtbar zu gestalten. Die Außenwände sollten wie Provisorien wirken und wurden deshalb aus groben Bausteinen mit unbehandelten Oberflächen gefertigt. Die Gleichheit der Module wurde besonders durch die Pyramidendächer betont.

Als Konsequenz daraus musste der Innenraum dem Äußeren entsprechen, weshalb die Korridore in den Gebäuden Straßencharakter hatten und platzartige Raumausweitungen vorgesehen waren. Die Außenräume wurden in gleicher Weise behandelt und das Gebäude als Teil der Stadt betrachtet. Die Vertreter dieser Architekturströmung waren vor allem Herman Hertzberger (geb. 1932) und Aldo van Eyck (1918–1999). Das Kennzeichen ihrer Wohnungsbaukomplexe bestand in dem Fehlen definierter Raumnutzungen und der Möglichkeit zur Erweiterung des Wohnbereichs auf dem Dach.

DEUTSCHLAND

In Deutschland verfolgte die Kulturpolitik zwei unterschiedliche Haltungen beim Wiederaufbau. Zunächst sollten die historischen Stadtzentren originalgetreu unter Einsatz ausgezeichneter Techniken wieder aufgebaut und die Straßen in Fußgängerzonen umgewandelt werden. So wollte man durch die Neuschaffung einer geschichtlichen Identität an eine zerstörte Vergangenheit anknüpfen. An den Stadträndern entstanden große neue Wohnquartiere, jedoch wurden keine Satellitenstädte gegründet. 1957 baute man in Berlin auf dem Gelände eines zerstörten Stadtquartiers ein neues Stadtviertel, das Hansaviertel. In Fortsetzung der Tradition – begonnen mit der Weißenhofsiedlung in Stuttgart 1927 und der Werkbundsiedlung in Wien 1932 – wurden die berühmtesten Architekten der Zeit eingeladen, ein Wohnhaus zu entwerfen. Das Hansaviertel hat also keinen Vorbildcharakter in sozialer und städtebaulicher Hinsicht, sondern ist eher als Ausstellungsraum für Wohnhaustypen und Ansammlung von vielfältigen Beispielarchitekturen zu betrachten. Neben Hochhäusern gab es Zeilenbauten und Reihenhäuser – das Aktuellste und Vielfältigste, was die Nachkriegsarchitektur bieten konnte. Die Planer waren berühmte Persönlichkeiten, darunter Jo van den Broek und Jacob B. Bakema, Alvar Aalto, Walter Gropius, Oscar Niemeyer, Luciano Baldessari und Arne Jacobsen. Le Corbusier plante hier seine fünfte Unité. Da er jedoch viel Freiraum um sein Gebäude herum verlangte, wurde sie als Solitär an einem anderen Ort in der Nähe des Olympiastadions errichtet. Aaltos Entwurf bestand in einem achtgeschossigen, leicht konkav geschwungenen, U-förmigen Baukörper. Die fünf Kopfwohnungen hatten einen fächerförmigen Grundriss entsprechend den Wohnungstypen, die er in Finnland entwarf. Der Brasilianer Niemeyer baute ein Zeilenhochhaus auf V-förmigen Stützen, mit einem frei stehenden Aufzugsturm auf dreieckigem Grundriss. Baldessari entwarf ein 17-geschossiges Hochhaus. Es hatte zwei innenliegende Lichtschächte, mit denen die beiden Treppenhäuser belichtet wurden. Mehrere deutsche Architekten planten darüber hinaus Reihenhäuser. Heute ist das Hansaviertel ein ganz normales Wohngebiet.

▶ Büro Van den Broek & Bakema, Hochhaus im Hansaviertel, 1957, Berlin

In diesem Wohnhochhaus gibt es 24 Einzimmerwohnungen und 48 große Wohnungen, die auf 17 versetzt angeordnete Geschosse verteilt sind. Die Fassaden an den Schmalseiten öffnen sich auf kleine terrassenartige Loggien, von denen einige farbig gestaltet sind. Die Hauptfassaden sind teilweise verglast und teilweise von Balkonöffnungen unterbrochen.

Unten links
Paul Baumgarten, Zeilenbau im Hansaviertel, 1957, Berlin

Dieser Gebäudetyp wird von vielen Architekten auf sehr unterschiedliche, persönliche Weise interpretiert. In diesem Fall befinden sich im Erdgeschoss Ladengeschäfte und in den Obergeschossen Maisonettewohnungen, die über einen einzigen Laubengang erschlossen werden.

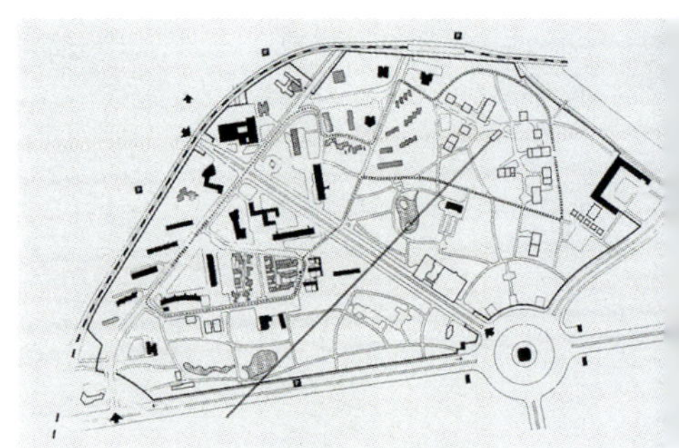

Lageplan des Hansaviertels, 1957, Berlin

Bei der Festlegung des neuen Bebauungsplans blieben die vorhandenen Straßen erhalten. Ein Straßenzug teilt das Viertel in zwei Hälften. Die fünf Hochhäuser befinden sich im Norden, damit sie keinen Schatten auf die anderen Wohnhäuser werfen. Bei den Zeilenbauten konnten die Architekten wählen, ob sie sie in Nord-Süd- oder Ost-West-Richtung orientieren wollten. Die Reihenhäuser sind parallel in Ost-West-Richtung angelegt.

SKANDINAVIEN

Sowohl die Architektur als auch der Städtebau der Nachkriegszeit in Skandinavien zeichneten sich dadurch aus, dass sie dem Umfeld sowie den traditionellen Baumaterialien – Holz und Klinker – besondere Aufmerksamkeit widmeten. Das ist typisch für ein Land mit vielen Seen, Fjorden, weiten Waldgebieten und nur wenigen urbanen Zentren. Zudem machte sich hier der Einfluss der »organischen Architektur« eines Frank Lloyd Wright, der japanischen Architektur und natürlich auch der eines Alvar Aalto bemerkbar und ging einher mit dem Streben nach technischer Perfektion, wie sie die deutsch-französische Schule der Rationalisten vertrat. Diese Komponenten wurden zum ersten Mal in einem städtebaulichen Projekt verwirklicht. In Schweden, das keine Kriegsschäden erlitten hatte und wo auch nicht der dringende Bedarf des Wiederaufbaus mit der entsprechenden Planungsqualität bestand, entschied man sich für eine Mischform der Stadtentwicklung, nämlich für neue Stadtrandsiedlungen anstelle von Stadtneugründungen.

Die gesetzten Kriterien stammten aus England, wurden aber nach den Vorstellungen einer organischen Entwicklung am Beispiel der Gartenstädte interpretiert. Die entsprechende Gesetzgebung übergab die Kontrolle über das Grundeigentum den Behörden, wobei die Projekte einer zentralen Steuerung unterlagen.

Die Stadterweiterungen von Gröndal (1946–1956) und Lindingo (1954) sowie die Neugründungen Vallingby und Färsta, die sich alle im Gürtel um Stockholm befinden, sind beispielhaft für die organische Anordnung der Gebäude, die dem Geländeverlauf angepasst sind. Hier wurden unterschiedliche Wohnhaustypen hervorragend in die Waldlandschaft zwischen die bereits bestehenden Gebäude eingebettet. Fußwege und Straßen für den Autoverkehr wurden scharf getrennt. Das Zentrum dieser Siedlungen war immer ein zentraler Fußgängerbereich, um den sich die Gebäude mit den Ladengeschäften gruppierten. Im Fall von Vallingby befindet sich dieser Platz mit dem Einkaufszentrum oberhalb der U-Bahn-Station. Die skandinavische Architektur wurde als »neuer Empirismus« definiert und hatte zahlreiche unterschiedliche Vertreter, auch wenn alle auf den gleichen Werten aufbauten.

In Finnland arbeitete Reima Pietilä (1923–1993), dessen plastische Architekturen poetischen Charakter hatten. Seine Bauwerke waren in das Gelände eingebunden und veränderten sich mit dem Lichteinfall, wie der Finnische Pavillon auf der Weltausstellung in Brüssel 1958 oder seine Kaleva-Kirche in Tampere (1966). Der Norweger Sverre Fehn (1924), der sich stets um die Interpretation des Ortes bemühte, drückte sich in einer äußerst reduzierten Architektursprache aus. Seine Bauwerke waren von suggestiver Einfachheit, wie etwa der Nordische Pavillon auf der Biennale Venedig 1962, bei dem er drei bestehende Bäume mit einbezog. Auch die dänische Schule schloss sich mehrheitlich dem Einfluss der organischen Architektur an, wie man am Beispiel des Louisiana Museum of Modern Art in Fredensborg-Humlebæk (1958) erkennen kann. Der Museumskomplex besteht aus mehreren aneinandergereihten Pavillons, deren Architektur von Frank Lloyd Wright und der japanischen Architektur beeinflusst ist. Sie sind in einen Park und in die umgebende flache Landschaft Jütlands eingebettet. Die ersten Arbeiten von Jørn Utzon folgten diesem Formenkanon. Sie sind mit großer Detailperfektion ausgeführt, die ihm schließlich mit dem Bau der Oper in Sydney zu Weltruhm verholfen hat und eine Sonderstellung unter den dänischen Architekten einräumte.

Einkaufs- und Verwaltungszentrum, 1952, Vällingby, Schweden

Diese großzügige, von Kaufhäusern und Ladengeschäften umstandene Fußgängerzone befindet sich oberhalb der U-Bahn-Station. Die Parkplätze liegen außerhalb des Fußgängerbereichs. Die Zone ist in eine Mulde eingebettet und von den Wohnhäusern, die auf den umliegenden Hügeln frei angeordnet sind, gut einsehbar. Diese Fußgängerzone ist ein gutes Beispiel für Funktionalität, auch wenn die umgebende Architektur eher als »bescheiden« zu bezeichnen ist.

Der bedeutendste Vertreter der dänischen Architektur war Arne Jacobsen (1902–1971), der während des Krieges nach Schweden flüchten konnte und sich dort mit Design beschäftigte. 1945 kehrte er nach Kopenhagen zurück. Seine Architektur hatte weder mit dem Rationalismus noch mit dem neuen Empirismus zu tun. Jacobsens Bauwerke, die er mit der Penibilität des Designers ausführte, zeugten von seinem Bemühen um Funktionalität und die Verwirklichung idealer Schönheit. Der Wunsch nach einer Strenge der Form führte zu einem minimalistischen Ausdruck, und er erfand neue konstruktive Details. Bei seinen ersten Aufträgen, darunter die Wohnsiedlung Søholm (1955), lieferte er mit der Aneinanderreihung niedriger Wohnhäuser eine Interpretation der dänischen Bautradition. Die Schule in Gentofte (1956) realisierte er als geschlossenen Baukörper. Die Klinkerfassade mit ihren profilierten Mauersteinen verleiht dem Baukörper ungewöhnliche Konturen, wohingegen der Grundriss auf einem Schachbrettraster beruht, bei dem Korridore auf den Querachsen verlaufen und die Klassenzimmer an den Längsachsen angeordnet sind. Jede Einheit ist Ergebnis eines sorgfältig erstellten Organigramms – Anordnung, Beleuchtung, Bezug der Klassenzimmer zum Schulhof und den Laborräumen –, und bis heute hat die ausgearbeitete Typologie Beispielcharakter. Bei den Rathausprojekten für kleine Gemeinden wie Søllerød (1942) und Rødovre (1956) findet die Modernität Ausdruck in einer raffinierten formalen Schlichtheit, die der weitverbreiteten Tradition der Aufklärung entspricht. Bei Jacobsens späteren Büro- und Verwaltungsgebäuden dienten die Arbeiten von Mies van der Rohe als Vorbilder, man denke an das SAS Royal Hotel (1961) und die Nationalbank in Kopenhagen (1971 und 1978) sowie andere Gebäude, die erst posthum fertiggestellt wurden, wie die Dänische Botschaft in London (1977) und die Bank von Kuwait (1976). Jacobsen hat auch einige weltweit erfolgreiche Designobjekte realisiert, wie den berühmten Fritz-Hansen-Stuhl.

Sverre Fehn, Innenraumansicht des Nordischen Pavillons, 1962, Biennale von Venedig

Der Architekt gestaltete den Pavillon als überdachten Platz, und dies mit höchst einfachen konstruktiven Mitteln. In seine Konstruktion bezog er auch drei bestehende Bäume mit ein. Betonwände, zwei verglaste Seitenflächen im unteren Bereich und eine als Rost mit längs und quer verlaufenden, lamellenartigen Betonrippen rhythmisierte Decke waren charakteristische Entwurfselemente. Die suggestive, fast magische Wirkung dieses Ortes resultiert aus der vollkommenen Schlichtheit und Zurückhaltung der Konzeption.

ARCHITEKTURENTWICKLUNGEN IN AMERIKA

Viele hervorragende deutsche Architekten emigrierten aufgrund von Verfolgungen durch die Nationalsozialisten und wegen des Krieges in die USA. Hier fanden sie eine weite, multikulturelle und freie Welt vor, in der es einen großen Zusammenhalt in den europäischen Gemeinden gab, die gerne bereit waren, Flüchtlinge aufzunehmen.

Richard Neutra war der Erste – er ging nach Kalifornien. Ende der 1930er Jahre flohen die besten Köpfe des Bauhauses in die USA: Walter Gropius, Marcel Breuer, László Moholy-Nagy, Josef Albers, Lyonel Feininger und Ludwig Karl Hilberseimer. Es folgten Künstler wie Amédée Ozenfant und Piet Mondrian und schließlich Ludwig Mies van der Rohe. Die Idee, in den USA ein neues Bauhaus zu gründen, scheiterte an den veränderten Gegebenheiten.

Gropius ließ sich in den Vereinigten Staaten nieder, nachdem er sich einige Jahre in London aufgehalten hatte, dort aber beruflich erfolglos geblieben war. 1946 gründete er gemeinsam mit jungen amerikanischen Architekten das Büro TAC – The Architects Collaborative. Erich Mendelsohn kam 1941 in die USA, auch er nach einem mehrjährigen Aufenthalt in London und Palästina. In der Folgezeit war er fast ausschließlich für jüdische Gemeinden tätig. Mies van der Rohe versuchte zunächst, sich mit dem Nationalsozialismus zu arrangieren, bevor er 1939 direkt nach Chicago ging, wo er schon vorher zeitweilig in der Lehre tätig gewesen war.

Eliel Saarinen kam aus Finnland, nachdem er 1922 den zweiten Preis beim Wettbewerb für den Bau der Chicago Tribune gewonnen hatte. Sein Sohn Eero plante expressionistische Gebäude von hoher Qualität. Richard Neutra blieb in Los Angeles ziemlich isoliert, gewann jedoch maßgeblichen Einfluss auf die kalifornische Schule. Mendelsohn, Gropius und die anderen Bauhausarchitekten entwickelten insgesamt eine eher bescheidene architektonische Tätigkeit, mit Ausnahme des PanAm-Hochhauses von Gropius und der Designobjekte von Marcel Breuer. Mies van der Rohe war der Einzige, der zahlreiche anspruchsvolle Projekte realisierte, mehr als in seiner Schaffensperiode vor dem Krieg.

Walter Gropius, Graduate Center (MIT), 1950, Cambridge, Massachusetts

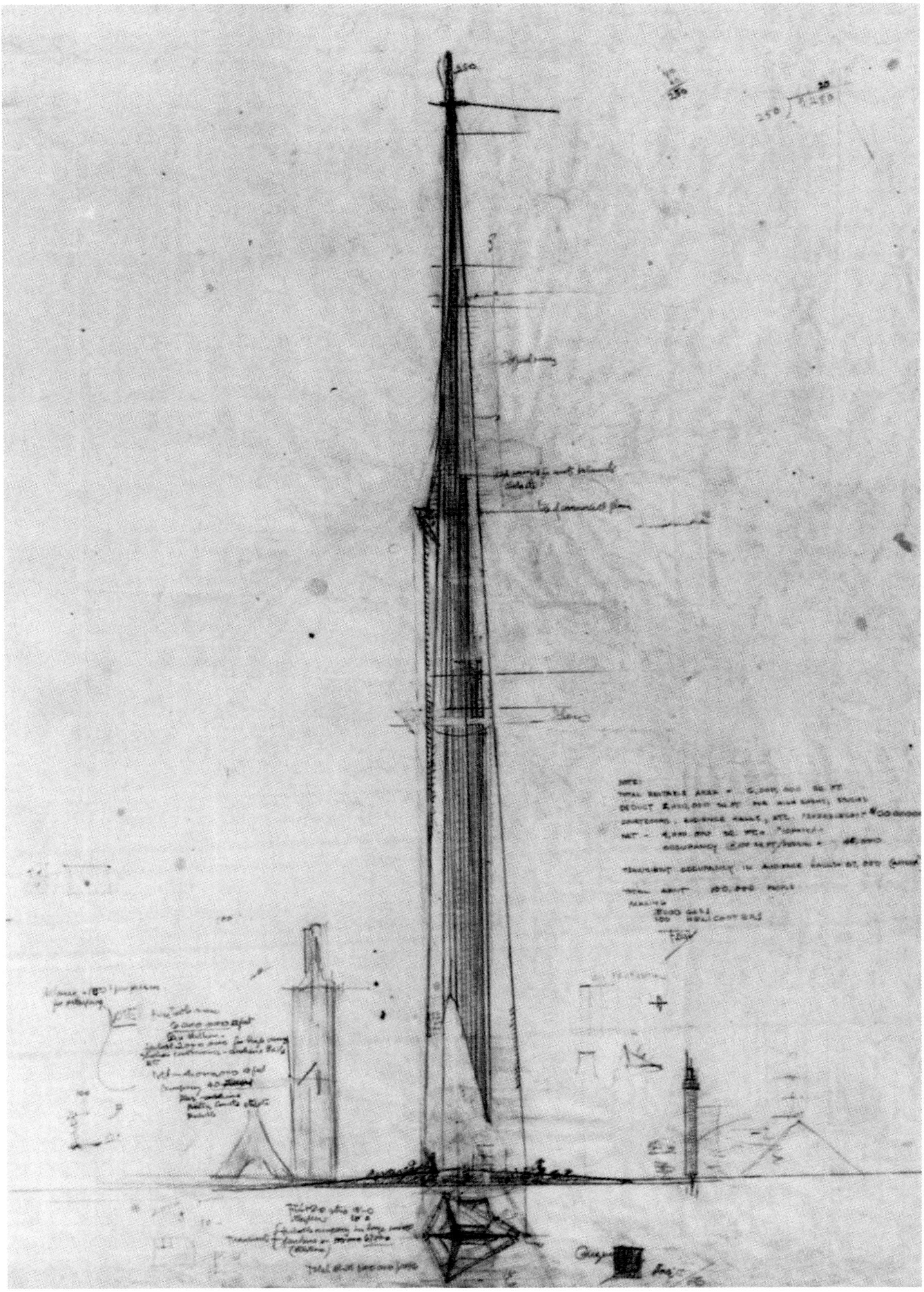

Der Gedanke der rationalistischen Architektur deutscher Prägung drückte sich vor allem in den Konstruktionen aus Stahl und Glas aus. Diese Architektur hat zwei exemplarische Bauformen hervorgebracht: den Wohnturm und die großen Auditorien auf einer Ebene. Sie zeigen das Streben nach einer vollkommenen Architektur, zu deren bedeutendsten Nachfolgern Craig Ellwood und Charles Eames gehören.

Unter den zahlreichen Immigranten kann sich kein amerikanischer Architekt behaupten – mit Ausnahme des damals schon etwas in die Jahre gekommenen Frank Lloyd Wright. Er nimmt in jeder Hinsicht eine Sonderstellung ein und blieb unabhängig von jedem Einfluss; von den Europäern ließ er sich schon gar nicht beeindrucken. Sein Werk umfasst mehr als hundert Gebäude und lässt sich in zwei Kategorien einteilen. Einerseits schuf er die für die USA typischen Einfamilienwohnhäuser, die »Unisonien«, die den Ansprüchen und Erwartungen des Durchschnittsamerikaners entsprachen: kleine, wirtschaftliche Wohnhäuser mit L-förmigem Grundriss, der den Vorgarten integriert und ihn zum Teil des Wohnhauses macht. Andererseits bezog er auf der Suche nach einer alternativen Formensprache den Kreis beziehungsweise ineinander verschlungene Kreise, die Spirale, die Ellipse, das Hexagon oder die Pyramide mit ein und schuf ein innovatives Meisterwerk: das Guggenheim Museum in New York (1956), das die Suche nach einer eigenen Formensprache in einem außergewöhnlichen Architekturprojekt sublimiert.

◄ **Frank Lloyd Wright, Hochhausprojekt, 1956**

Frank Lloyd Wright gilt insbesondere als Architekt für Einfamilienwohnhäuser, hat jedoch auch einen Wolkenkratzer entworfen, der mit einer Höhe von mehr als einer Meile alle anderen Gebäude überragen sollte und wirklich maßlos war. Der Plan sah 528 Geschosse vor, Stellplätze für 15 000 Pkws und selbstverständlich auch einen Landeplatz für 150 Helikopter. Die Fundamente der Stahlkonstruktion sollten mit einer »Wurzel« tief im Boden verankert sein. Der Entwurf zeigt einen Baukörper, der eindeutig vom russischen Konstruktivismus inspiriert ist.

Eero Saarinen, Innenansicht des TWA-Terminals, John F. Kennedy International Airport, 1956–1962, New York

Der Terminal ist ein großer, offener Raum, belebt von Treppenläufen und auskragenden Galerien. Hier werden die Flugpassagiere empfangen und weitergeleitet.

RICHARD NEUTRA

Richard Neutra (1892–1970) war ein renommierter Architekt, der in Kalifornien lebte und arbeitete. Neben seiner regen Tätigkeit als Architekt von Einfamilienwohnhäusern weitete er seine Tätigkeit in den Kriegsjahren auf andere Schaffensbereiche aus. Die Regierung beauftragte ihn zwischen 1940 und 1945 mit der Planung von Schulen, Mehrfamilienhäusern und Krankenhäusern in Puerto Rico, was sowohl eine enorme Verpflichtung bedeutete als auch großes Engagement erforderte. Deshalb gründete Neutra vor Ort ein Büro und entwarf einfache, niedrige Gebäude aus den ortsüblichen Materialien, die jedoch von hoher Qualität waren.

In den Vereinigten Staaten befasste sich Neutra auch mit sozialem Wohnungsbau. In San Pedro in Kalifornien baute er 1943 eine Wohnsiedlung mit etwa 600 Wohnungen (die abgerissen wurden), und in Channel Heights realisierte er preisgünstige Kleinstwohnungen für die Familien von Werftarbeitern. Die Häusergruppen richtete er diagonal an, mit Blick auf das Meer oder auf den Wald.

1950 entwarf Neutra ein Fertighaussystem, dessen Dächer von gespannten Seilen getragen werden, die an Pylonen befestigt sind – eine Konstruktion, die an Zirkuszelte erinnert. Zusammen mit seinem Büropartner Robert Alexander führte er zahlreiche öffentliche Aufträge aus: eine Kapelle für die Marinebasis Miramar in La Jolla, eine Schule und ein Hotel in Los Angeles. Sein Lieblingsthema blieben jedoch die Einfamilienhäuser. 1948 nahm Neutra an einer Studie über Wohnhaustypen teil, die von der kalifornischen Regierung gefördert wurde. Er entwarf einen einfachen, rechteckigen Haustyp, der außen durch vier Portici aufgedoppelt wurde. Bei anderen Villenprojekten erreichte er sein Ziel, die Konstruktion auf ein Minimum zu reduzieren, indem er schlanke Stahlstützen verwendete, große Glasflächen einsetzte und auf mehreren Ebenen versetzte Flachdächer plante. Der Grundriss war häufig strahlenförmig, damit die Außenräume besser einbezogen werden konnten. Seine Wohnhäuser beeindrucken vor allem durch die enge Verbindung von Gebäude und Garten, der fast immer einen Swimmingpool aufweist. In den 1960er Jahren ließ Neutras Tätigkeit nach, da zu der Zeit die Postmoderne in Mode kam; dennoch blieben seine Einfamilienhäuser für viele Jahre das Vorbild für die kalifornische Villa. In diesem Jahrzehnt realisierte Neutra verschiedene Villenbauten in der Schweiz.

► **Richard Neutra, Ansicht von außen und Innenraum des Kaufmann House, 1947, Palm Springs, Kalifornien**

1929 hatte Edgar Kaufmann Frank Lloyd Wright mit dem Bau von Fallingwater beauftragt. Für sein Wohnhausprojekt in Kalifornien wandte er sich an Richard Neutra. Der Auftrag lautete, ein ganz besonderes, leichtes und luftiges Haus zu planen. Neutra entwarf ein Gebäude nach dem Modularprinzip, mit »Armen«, die von einem zentralen Block mit dem Kamin auskragen. Der Wohnraum ist offen und schließt nahtlos an die Rasenfläche und den Swimmingpool an.

Richard Neutra, Taylor House, 1964, Glendale, Kalifornien

Dieses kleine Wohnhaus ist auf einem rechteckigen Grundriss errichtet. Es bildet eine perfekte Komposition mit der weißen quadratischen Wand, die den verglasten Wohnraum von dem Carport trennt. Beide Gebäudeteile sind von einem lang gezogenen Flachdach überdacht.

WALTER GROPIUS

Walter Gropius (1883–1969) verließ Deutschland zunächst in Richtung London (1934–1937). Dort war er zusammen mit Maxwell Fry tätig, einem der Architekten, der 1955 mit Le Corbusier an dem Chandigarh-Projekt arbeiten sollte. 1938 erhielt Gropius einen Ruf nach Harvard; damals baute er sein eigenes Haus nach dem Formenkanon des Rationalismus in Lincoln. 1946, nachdem er die amerikanische Staatsbürgerschaft angenommen hatte, gründete er mit einer Gruppe junger amerikanischer Architekten das Büro TAC (The Architect Collaborative), eine Art Architektenkollektiv. 1950 realisierte er zusammen mit den TAC-Architekten sein erstes öffentliches Gebäude, das Graduate Center am Massachusetts Institute of Technology (MIT): ein Studentenwohnheimkomplex im Stil des Rationalismus, der aus sieben niedrigen Baukörpern, die durch lange, überdachte Wege miteinander verbunden sind, sowie einem zentralen Hauptgebäude besteht, dessen Eingangsfassade leicht konkav gekrümmt ist. Bei dem Gebäude, das TAC 1957 im Hansaviertel plante, wurde dieses Stilelement aufgenommen, um die strenge Geometrie der Linienführung zu brechen. Wenige Jahre später entwarf TAC das PanAm Building (heute MetLife Building) in New York, das an prominenter Stelle an der Park Avenue steht. Walter Gropius konzipierte einen rechteckigen Grundriss, der sich zu den Stirnseiten hin immer mehr verjüngt – darin ähnelt das Projekt dem Pirelli-Hochhaus in Mailand von Gio Ponti aus dem Jahr 1957. Das PanAm-Gebäude ist so platziert, dass es einen markanten Blickpunkt an der Park Avenue bildet. Es ist zweifellos von Le Corbusiers Hochhaus von 1938 in Algier beeinflusst. Das letzte Projekt von Gropius ist ein Fabrikgebäude, das er für die Firma Rosenthal in Amberg baute. Es handelt sich um eine Werkhalle aus Sichtbeton, die sich im Schnitt mit einer Dreiecksform darstellt. Die konstruktiven Elemente sind sorgfältig ausgearbeitet, sodass sie zu dekorativen Details werden. Die genannten Gebäude zeigen deutlich Gropius' Entwicklung als Architekt, der den unterschiedlichen neuen Entwurfstendenzen mit Aufmerksamkeit begegnete und sich dabei weit von den Projekten entfernte, die er vor dem Krieg realisiert hatte.

▶ **TAC, PanAm Building, 1963, New York**

Das Hochhaus bildet den Abschluss der Park Avenue. Es steht – im Gegensatz zu all den anderen Wolkenkratzern – nicht parallel zum Straßenverlauf, sondern quer dazu, weshalb man seine Fassade schon von Weitem sieht. Gropius verjüngte den Grundriss zu den Enden, sodass das Gebäude in der Ansicht schlanker wirkt; mit dem kleinteiligen Fensterraster wird die Fassade lebhaft gegliedert. Damit der Baukörper nicht zu kompakt und gleichförmig wirkt, ist die Fassade von zwei durchgehenden horizontalen Fensterbändern durchbrochen.

Walter Gropius, Wohnhaus, 1938, Lincoln, Massachusetts

Das eigene Wohnhaus, das sich Gropius auf dem Land außerhalb von Boston baute, verkörpert den von ihm vertretenen Rationalismus besonders deutlich. Das Gebäude besteht aus einem zentralen Baukörper, der im Obergeschoss eine Terrasse umschließt, welche die Fassade durchbricht. An das Haus ist ein verglaster Baukörper angelehnt, der Eingangsbereich wird durch ein diagonal vor der Fassade geführtes Vordach betont.

PANAM
TERMINAL

ERICH MENDELSOHN

Erich Mendelsohn (1887–1983) kam als letzter deutscher Architekt 1941 in die USA. Als Jude war er zunächst vor der Verfolgung durch die Nationalsozialisten nach London geflohen (1933–1936), um sich dann einige Jahre in Palästina aufzuhalten (1936–1940), das sich damals unter britischer Kontrolle befand. Mendelsohn realisierte dort zahlreiche streng geometrische Gebäude, die seinem sonstigen Formenkanon sehr fern waren. In der ersten Zeit als »erfolgloser Emigrant«, wie er sich selbst beschrieb, arbeitete er als Berater für die amerikanische Regierung und hielt Vorträge. 1945 ließ er sich in San Francisco nieder.

Als Architekt baute Mendelsohn vor allem Synagogen für jüdische Gemeinden in Texas, Minnesota, Michigan, Maryland und Ohio. Seine Architektursprache verband stets zwei Komponenten – die expressionistische und die rationalistische. Dies zeigt sich auch in den Entwurfsskizzen aus dem Jahr 1941 für eine Weltuniversität auf den Hügeln von Berkeley und für geplante Gebäude in New York. Die von ihm ausgeführten Bauwerke erscheinen als komplexe, aus mehreren Baukörpern bestehende Gesamtensembles. Die Nebengebäude waren streng nach rationalistischen Konstruktionsformen geplante, geometrische weiße Schachteln mit deutlichen Zitaten, wie zum Beispiel den Fensterbändern und Flachdächern. Für das eigentliche Synagogengebäude griff Mendelsohn auf seine eigene expressionistische Formensprache zurück, mit emporstrebenden, unverwechselbaren und bedeutungsvollen Gestaltungen. Die zu dem jüdischen Gemeindezentrum in Baltimore gehörende Synagoge realisierte er als drei parallel nebeneinandergesetzte parabolische Baukörper. Die Synagoge in St. Paul zeigt neun in einer bestimmten Reihenfolge nebeneinander angeordnete parabolische Körper, in Dallas wiederum bestand der Baukörper der Synagoge aus einem baumstammähnlichen, sich nach oben konisch verjüngenden Turm mit einer konkav geschwungenen Fassade. Die Kombination dieser unterschiedlichen Architektursprachen und die Lehre, die er der Kalifornischen Schule hinterließ, machten ihn zu einem Sonderfall.

► Erich Mendelsohn, Synagoge B'nai Amoona, Ansicht von außen und Innenraum des Gebetssaals, 1950, St. Louis, Missouri

Die Synagoge B'nai Amoona gehört zu den zahlreichen Sakralbauten, die Mendelsohn innerhalb weniger Jahre geplant hat. Im Schnitt eine Teilparabel, steht das weit auskragende, schlanke Vordach – ein Element der expressionistischen Formensprache – in Kontrast zu den schlichten rechteckigen Baukörpern in der Nachbarschaft.

Erich Mendelsohn, Modell der Maimonides-Klinik, 1950, San Francisco

Dieses Projekt ist ein Beispiel für die klare Architektursprache Erich Mendelsohns, der hier eine Komposition aus übereinandergestapelten, sich wiederholenden Elementen präsentiert, die von Balkonen unterbrochen wird. Das Erdgeschoss und die Brüstungen folgen streng dem rationalistischen Stil. Die expressionistischen Details mit den abgerundeten Ecken sind eine fast identische Wiederholung der Gebäude, die er 20 Jahre zuvor in der Cicerostraße in Berlin realisiert hatte. Genau den gleichen, rund auskragenden Balkon baute er beim Russell House in San Francisco als Belvedere (1951).

LUDWIG MIES VAN DER ROHE

Ludwig Mies van der Rohe kam 1938 in die Vereinigten Staaten und war damit der vorletzte deutsche Architektenimmigrant. Er ging direkt nach Chicago, wo er bereits zuvor in der Lehre tätig gewesen war. Beinahe sofort erhielt er den Auftrag, den Universitätscampus des IIT (Illinois Institute of Technology) zu planen: eine sehr mutige Entscheidung, denn dadurch wurden alle – zugegebenermaßen nur mittelmäßigen – amerikanischen Architekten ausgeschlossen; selbst der damals sehr erfolgreiche und kreative Frank Lloyd Wright, der von seinem Denkansatz her jedoch überhaupt nichts mit einer solchen Thematik zu tun hatte.

Man wollte ein ganz anderes, neues Bauen, so wie Mies van der Rohe es vertrat, unter Verwirklichung der Prinzipien des deutschen Rationalismus. So gliederte Mies das gesamte Gelände anhand eines Quadratrasters und ordnete darauf die Gebäude an. In den folgenden 20 Jahren führte er seine Pläne aus, wobei er die Baukörper in der Ansicht dem Terrainverlauf anpasste; die niedriggeschossigen Werkstätten und Laborgebäude wurden direkt in das Gelände gebaut. Das Sockelgeschoss und die Rahmen der Stahlkonstruktionen ließ er in Klinker ausführen und die Fassaden verglasen.

Die Fakultätsgebäude und vor allem die Crown Hall ruhen auf Stützen. Marmortreppen führen in die Gebäude, und die filigranen Balkenkonstruktionen der Dächer sind leicht gewölbt. Das bescheidendste Gebäude ist die Kapelle, ein flacher Kubus, der neben den größeren Gebäuden fast ein wenig plump erscheint. Das Museum of Modern Art in New York widmete Mies 1947 eine Ausstellung mit einer Werkschau – eine Auszeichnung, die keinem anderen eingewanderten Architekten zuteil wurde. Daraufhin erhielt Mies van der Rohe noch mehr Aufträge, und sein Einfluss auf die junge amerikanische Architektengeneration wuchs.

In den folgenden Jahren realisierte Mies nicht nur weitere Gebäude auf dem Universitätscampus, sondern baute fast ausschließlich repräsentative Wohnhochhausanlagen und Wolkenkratzer: 1946 die Promontory Apartments, 1951

▶ Ludwig Mies van der Rohe und Philip Johnson, Seagram Building, 1958, New York

Das Konstruktionsprinzip des Seagram-Bürogebäudes ist identisch mit dem der beiden Appartementhochhäuser am Lake Shore Drive. Damit bestätigt sich, dass die Form unabhängig von den Funktionen ist. Mies van der Rohe legte häufig Wert auf hochwertige Materialien, wie der Einsatz von Bronze zeigt.

Ludwig Mies van der Rohe, Lake Shore Drive Apartments, 1951, Chicago, Illinois

Am Ufer des Michigansees sind die beiden Wohnhochhäuser ein wenig versetzt angeordnet und bilden zwei vollkommene Baukörper. Für Mies van der Rohe waren die ausgewogenen Proportionen zwischen dem konstruktiven Fassadenmodul und dem gesamten Baukörper von großer Bedeutung. Jede Wohnung öffnet sich mit breiten Fensterfronten zum See. Dieses Hochhauspaar stand Pate für die Zwillingstürme des New Yorker World Trade Center.

die Doppelhochhäuser am Lake Shore Drive in Chicago, 1958 das Seagram Building in New York. 1963 folgte die Anlage Lafayette Park in Detroit, bei der den beiden Wohnhochhäusern ein zweigeschossiger Baukörper vorgelagert ist, 1969 baute er schließlich die drei Hochhäuser des Dominion Center in Toronto. Mies strebte nach Perfektion. Er sah in jedem seiner Projekte eine Synthese von Form, Konstruktion und Material. Seine Gebäude sind perfekte Parallelepipeden, geschlossene Baukörper aus nur einem Material (Stahl, Aluminium oder Bronze) und in nur einer Farbe (wenn möglich die des Metalls: Grau, Blau, Gold oder Bronze). Unmittelbar, unverwechselbar und unnachahmlich beeindruckend sind bei allen Mies-Bauten die harmonischen Proportionen des Gesamtensembles und der Fenstermodule, die sich ohne Varianten über alle Oberflächen wie ein Gitterraster ziehen. Die Proportionen wurden von Fall zu Fall festgelegt.

Das Motto von Mies van der Rohe lautete »Weniger ist mehr«: Sein Ziel war die absolute Form, die unabhängig von der Nutzung war und für Wohnanlagen ebenso wie für Verwaltungsgebäude galt, als würde der gleiche Entwurfsgedanke zugrunde liegen. Die Architektur ist derart präsent, dass es weder einen Kontext noch eine Garten- und Landschaftsplanung gab. Mies van der Rohes Arbeiten bedurften großer Freiräume in ihrer nächsten Umgebung; man bedenke nur, dass vier seiner Gebäude in unmittelbarer Ufernähe des Michigansees liegen und die oben genannten Charakteristika aufweisen. Sie stehen im Gegensatz zu den heutigen Hochhäusern, die sich durch ihre Gestalt oder ein originelles und ungewöhnliches Fassadenäußeres von anderen Bauwerken unterscheiden sollen.

Wenn sie gigantische Menhire sind, dann plante Mies auch grandiose Dolmen – Gebäude als Torbauten, die nur aus Stützen und einem Flachdach bestehen und deren Wände völlig transparent sind. Dies sind die beiden Gebäudetypen, die Mies zur absoluten Vollkommenheit entwickelte: das Hochhaus und die große, eingeschossige Wohnhalle. In den gleichen Jahren entstand das Farnsworth House (1951) am Stadtrand von Chicago, bestehend aus einem transparenten Baukörper, dessen Wände vollständig verglast sind und der zwischen Bodenplatte und Deckel gepasst ist. Das Farnsworth House ist leicht vom Gelände abgehoben und gehört zu den Gebäuden Mies van der Rohes, die aus einem einzigen Innenraum bestehen. Er setzt sich nahtlos in den Außenraum fort und reduziert die Architektur auf rein konstruktive Zeichen, wie Mies es bereits in einigen seiner frühen Arbeiten hatte umsetzen wollen.

Auch das Atrium der Neuen Nationalgalerie in Berlin (1962–1968) ist die Umsetzung dieser Idealvorstellung: Es besteht aus vier Stützen und einem Flachdach aus schwarzen quadratischen Kassettenelementen. Dieses Konstruktionsraster ist das einzige sichtbare Entwurfselement. Mit diesem Gebäude kehrte Mies auf dem Höhepunkt seiner Tätigkeit als Architekt wieder in seine Heimat zurück. Es bringt sein Bemühen um den Einsatz hochwertiger Materialien zum Ausdruck – und ebenso die Erinnerung, dass ihm die deutschen Architekten zu Beginn des vergangenen Jahrhunderts das Gefühl für Proportionen vermittelt hatten.

► **Oben**
Ludwig Mies van der Rohe, IIT Crown Hall, 1956, Chicago, Illinois
Dieses Gebäude Mies van der Rohes ist vom Boden abgehoben und scheint zu schweben. Es entsteht der Eindruck völliger Transparenz, und der Architekt erreichte die Übereinstimmung von Form und Konstruktion.

► **Unten**
Ludwig Mies van der Rohe, Farnsworth House, 1951, Plano, Illinois
In den USA entwickelte Mies zwei Gebäudetypen: das Wohnhochhaus und die großzügige Wohnhalle auf einer Ebene. Dieser Typ des Einfamilienwohnhauses repräsentiert ein bis an seine Grenzen geführtes architektonisches Denken und zeigt eine vom Boden losgelöste Konstruktion, die nur an wenigen Punkten die Erde berührt. Eine Stahlrahmenkonstruktion wird oben und unten jeweils von einer flachen Scheibe, dem Dach und der Bodenplatte abgeschlossen. Die Wände sind komplett verglast; Den einzigen Sichtschutz bieten die Vorhänge. Dem Haus ist eine großzügige Terrasse vorgelagert, die von der Rasenfläche abgehoben ist – eine minimalistische Konzeption, mit der so wenig wie möglich in das Gelände eingegriffen wird. Das Gebäude besteht aus einem einzigen, durchgehenden Raum. Um die schlanke Linienführung zu betonen, ist das Dach über die Eckstützen hinaus geführt. Diese Lösung wandte Mies später auch bei der Neuen Nationalgalerie in Berlin an.

Ludwig Mies van der Rohe, Lageplan des IIT, 1939–1958, Chicago, Illinois
Der strenge Lageplan organisiert die Gebäude nach ihren Funktionen. Es gibt weder Achsialität noch Symmetrie. Die Konzeption folgt den rationalistischen Gedanken einer Universitätsfabrik und stimmt mit Grundideen überein, die Mies vom Bauhaus mitgebracht hatte.

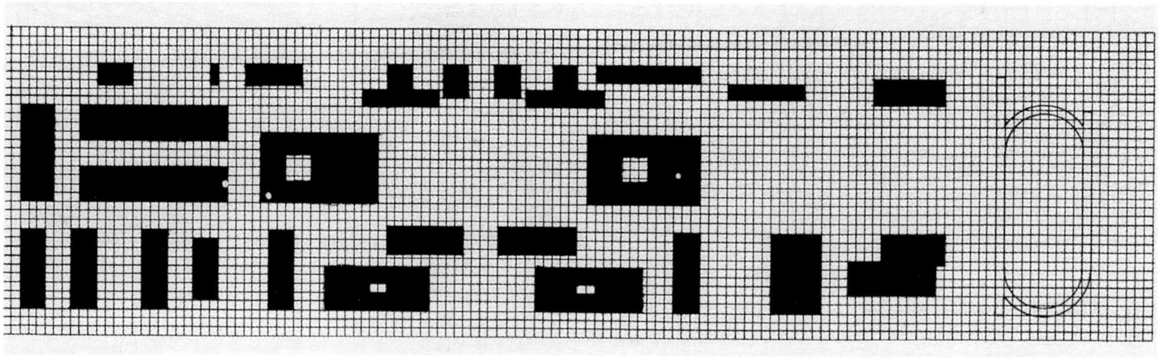

DIE SCHULE VON MIES

Die Architektur von Mies van der Rohe machte direkt und indirekt Schule. Es gab viele Architekten in Amerika, die seine Architektursprache sozusagen wörtlich in aller Präzision umsetzten: Auch sie verwendeten Stahlkonstruktionen, die sie als große, sichtbare Rahmenkonstruktionen einsetzten, und arbeiteten mit großen Glasflächen. Sie legten Wert auf sorgfältig ausgearbeitete konstruktive Details und reduzierten die Farbpalette auf Weiß, Dunkelblau und Schwarz. Vereinzelt wurden edle Hölzer verwendet. Es entstanden geschlossene Baukörper ohne jede Auskragung, bei denen die Wiederholung einer modularen Einheit das Raster bildet und sich als Grundentwurf über die gesamte Fassade zieht. Da es sich um kleinere Bauvorhaben handelte, konnte man auf Fertigteile zurückgreifen, sei es für die konstruktiven Elemente, aber auch für die Ausfachungen.

Craig Ellwood (1922–1992) und Charles Eames (1907–1978) bauten keine Hochhäuser, sondern nur zwei- oder dreigeschossige Wohnhäuser. Sie begannen in den 1940er Jahren mit den sogenannten Modellhäusern, die von der kalifornischen Regierung finanziert wurden. Ellwood realisierte viele dieser Häuser, die manchmal die Entwürfe zitierten, die Mies für die Crown Hall oder das Farnsworth House entwickelt hatte. Sein wichtigstes und eigenständigstes Werk ist das Gebäude für das Art Center College of Design in Pasadena. (Einige Stimmen bestreiten allerdings, dass der Entwurf von ihm stammt.) Das Gebäude gleicht einer großen Brücke aus einer schwarz lackierten Stahlkonstruktion, und in der Tat, es überbrückt eine Straße. Die Brücke besteht aus vier riesigen, parallel angeordneten Trägern, zwischen denen die Unterrichtsräume, Werkstätten und auch Ladengeschäfte eingefügt sind. 1978 löste Craig Ellwood das Büro auf und lebte von da an in der Toskana, wo er seinen Lebensunterhalt mit Hausrenovierungen verdiente. Auch Charles Eames plante viele Musterhäuser. Das Case Study House Nr. 8 wurde sein eigenes Wohnhaus mit Büro: ein beispielhaftes Projekt aus Fertigteilen, dessen Fassaden zum Teil mit farbigen Paneelen geschlossen wurden. Nach 1970 arbeitete Eames nicht mehr als Architekt, sondern widmete sich zusammen mit seiner zweiten Frau Ray Designprojekten und hatte damit großen Erfolg.

Die Geschichte von Philip Johnson (1906–2005) verlief vollkommen anders. Als junger Mann reiste er häufig nach Europa und traf damals auch Mies van der Rohe am Bauhaus. Nachdem er 1932 die Ausstellung über den International Style organisiert hatte, bemühte er sich 1935, Mies van der Rohe und Marcel Breuer zur Auswanderung in die Vereinigten Staaten zu bewegen. In seiner ersten Phase als Architekt war Philip Johnson einer der gewissenhaftesten Nachfolger von Mies. Dies lässt sich an seinen Wohnhäusern sowie an verschiedenen repräsentativen Verwaltungsgebäuden in New York nachvollziehen. Er war auch an der Planung des Seagram Building beteiligt und baute sein eigenes Haus in New Canaan (Connecticut), das berühmte Glass House, eine noch extremere Version von Mies' Farnsworth House.

Charles Eames, Wohnhaus, 1945–1949, Santa Monica, Kalifornien

Dieses Wohnhaus mit Büro hat Mies van der Rohe gemeinsam mit seiner Frau Ray gebaut: ein einfaches Fertighaus mit sichtbarem Raster. Die Wände sind, wie es der Kalifornischen Schule entsprach, mit farbigen Paneelen verkleidet. Wie das Wohnhaus von Johnson, steht auch Haus Eames mitten im Wald, in diesem Fall von der Stadt Los Angeles weit entfernt auf einem Hügel mit Blick auf den Pazifik.

► Oben

Philip Johnson, Glass House, 1946–1949, New Canaan, Connecticut

Das Wohnhaus ist auf einem schmalen, rechteckigen Grundriss konzipiert. Alle Seiten sind verglast, nur im Gebäudeinneren gibt es einen kleinen geschlossenen Körper. Der Einfluss Mies van der Rohes ist sehr deutlich: Das Wohnen vollzieht sich unter einem Dach, doch die umgebende Natur ist vollkommen präsent.

► Unten

Craig Ellwood, Außenansicht des Art Center College of Design, 1975–1976, Pasadena, Kalifornien

Das Art Center College of Design ist das eigenständigste Werk, das Ellwood zugeschrieben wird. Der Lehre von Mies van der Rohe entsprechend, ist die Gebäudekonstruktion sichtbar gemacht. Vier schwarze geschosshohe und über 150 Meter lange Träger ergeben ein bewohntes Brückenhaus. Die beiden äußeren Träger, in die keine Bauten eingefügt sind, bilden die Fassaden. Der Bau ist ein hervorragendes Beispiel für die Übereinstimmung von Konstruktion und Form.

EERO SAARINEN

Eero Saarinen (1910–1961) war als Sohn des finnischen Architekten Eliel Saarinen offenbar von Anfang an für eine Architektenlaufbahn bestimmt. Er kam bereits als Jugendlicher in die Vereinigten Staaten. In seinem kurzen Leben war es von großer Bedeutung, dass er gleichermaßen über Beziehungen zur Kultur, zur Unternehmenswelt und zur Politik verfügte, die sich positiv auf seine Kreativität auswirkten und ihm zu zahlreichen Aufträgen aus ganz unterschiedlichen Themenbereichen verhalfen. Seine Architektur veränderte sich im Lauf der Zeit mit den sich wandelnden Aufgabenstellungen. In seiner Anfangszeit als Architekt orientierte er sich an streng geometrischen Formen, wie die starre Dachhalbschale des Kresge-Auditoriums am MIT und der geschlossene Zylinder der Kapelle am MIT (1955) zeigen. Die Kapelle ist durch einen Wasserlauf, der um sie herum geführt wird, vom übrigen Gelände isoliert. Der Innenraum erhält durch das von oben hereinfließende Licht eine fast magische Atmosphäre. Später wurde seine Architektur zur modernen Interpretation des romantischen nationalen Stils, wie man an seinen Bauten an der Yale University (1962) erkennen kann. Seine bekanntesten und bedeutendsten Bauwerke hatten einen stark expressionistischen Charakter. Sie sind in Beton ausgeführt, um ungewöhnliche Effekte zu erzielen. Saarinen arbeitete gern in einer plastischen Formensprache und ließ Oberflächen und Tragkonstruktion ineinander übergehen. So entstanden ungewöhnliche Gebäude mit Formen von großer Suggestivkraft, die teilweise an Tiergestalten erinnern.

Die Eislaufhalle in New Haven (1959) plante Saarinen in Form eines dunkelblauen Schildkrötenpanzers, der von einer Mittelrippe getragen wird. Über der Eingangsfassade schwingt sich die Schildkröte nach oben. Das Bauwerk weist zugleich Bezüge zur japanischen Architektur auf. Der TWA-Terminal in New York hat die Gestalt eines landenden Adlers, während der Flughafen Washington-Dulles-International wie ein riesengroßes Sonnensegel erscheint, das zwischen den beiden nach außen geneigten Fassaden gespannt ist. Beide Projekte wurden erst nach dem Tod von Saarinen im Jahr 1963 vollendet. Der Architekt arbeitete mit skulpturalen und dynamischen Formen, ganz in der Tradition der deutschen Architekten vor dem Krieg, und war in seiner Sprache dennoch eigenständig. Er blieb in den Vereinigten Staaten ohne Nachfolger.

► Eero Saarinen, Gateway Arch, 1961–1966, St. Louis, Missouri

Der Gateway Arch ist das Ergebnis eines Wettbewerbs von 1947, aus dem Eero Saarinen als Gewinner hervorging. Unter den Mitbewerbern befand sich auch sein Vater Eliel. Das Bauwerk gehört zu der Gedenkstätte Jefferson National Expansion Memorial und steht weithin sichtbar am Ufer des Mississippi. Der Bogen ist innen begehbar und bildet als Doppelbogen den Buchstaben »M« – mittlerweile Logo von McDonald's, dem Unternehmen, das in St. Louis gegründet wurde.

Links oben
Eero Saarinen, TWA Terminal, John F. Kennedy International Airport, 1956–1962, New York

Um die kreative Spontaneität Saarinens zu betonen, wird erzählt, dass seine erste Skizze für diesen Entwurf auf einer Papierserviette in einem Restaurant entstand. Der zur Landung ansetzende Adler ist aus Stahlbeton gefertigt.

Links unten
Eero Saarinen, Dulles International Airport, 1963, Washington

Das große Segel wird von zwei sich nach unten stark verjüngenden und nach außen geneigten Stützenreihen getragen. Alle Wände sind transparent, damit die in Weiß gehaltene Tragwerkkonstruktion deutlich sichtbar bleibt.

1939 wurde Frank Lloyd Wright von der Regierung von Massachusetts aufgefordert, ein Vierfamilienhaus zu entwerfen, das man in Serie fertigen konnte. Lloyd plante ein zweigeschossiges Gebäude mit zwei großen Terrassen. Den Grundriss unterteilte er durch ein Kreuz, sodass er vier Wohneinheiten erhielt, das Wohnhaus sollte in Klinker mit nach außen geneigten Holzbrüstungen ausgeführt werden. Letztlich kam es nur zum Bau eines einzigen Gebäudes nach diesen Plänen in Pennsylvania, doch Wrights Überlegungen führten schließlich zu den »Usonia«-Häusern – nach 1940 baute der Architekt Dutzende dieser Mittelschichthäuser. Die Gestaltungsprinzipien waren Eingeschossigkeit, ein L-förmiger Grundriss, durch den der Wohn- und Essbereich vom Schlaftrakt getrennt wurde, ein kleiner privater Garten beziehungsweise Hofbereich im Winkel zwischen den beiden Gebäudeschenkeln sowie ein überhängendes Dach, unter dem das Auto abgestellt wurde. Diesen Haustyp gab es in nur wenigen Varianten. Einige Häuser hatten keinen winkelförmigen Grundriss, bei anderen war der Winkel spitzer oder größer als 90°. Der Grundriss baute zumeist auf einem Raster auf, mal rechteckig, mal sechseckig, angelegt als Rhombenraster oder gar in rasterförmig angeordneten Kreisen. In allen Häusern gab es einen Kamin, und neben den normalen Fenstern waren stets Fensterbänder vorhanden, die unmittelbar unter dem Dachrand geführt wurden. Die Häuser waren mit dekorativen Elementen geschmückt, die an Jugendstil oder Art déco erinnerten. Mitte des vergangenen Jahrhunderts waren es die typischen »Häuschen in der Prärie« der Mittelschicht.

Nachdem die Grundkriterien festgelegt worden waren, passte Wright das Modell an das jeweilige Terrain an und veränderte es leicht nach den Wünschen des Auftraggebers, sodass als Ergebnis immer ein personalisiertes Wohnhaus herauskam. Die besten Usonia-Häuser baute er in Okemos (Michigan), Two

Frank Lloyd Wright, Innenraumansicht von Goetsch-Winckler House, 1939, Okemos, Michigan

Dieses Wohnhaus hat einen einfachen, linear aufgebauten Grundriss mit einem umlaufenden, großflächigen Sockelbereich, der das Gebäude an das Gelände anpasst. Der Wohnraum und das Schlafzimmer orientieren sich nach Süden. Die unterschiedlichen Ebenen des Flachdachs sind auch im Innenraum ablesbar und tragen so zu seiner Belebung bei. Auf der einen Seite der Fassade kragt ein langes Vordach aus, das auch den Pkw-Abstellplatz überdacht, der durch eine niedrige Mauer verborgen wird.

Rivers (Wisconsin), in New Jersey, Iowa und Illinois. Die verwendeten Materialien waren stets einfach: Klinker, Fenster und Türen aus Holz, Flachdächer oder nur sehr leicht geneigte Dächer, hölzerne Brüstungselemente und Holzverkleidungen, die bis zu den Fensterbändern hochgeführt wurden. Als Verkleidung für den unverzichtbaren Kamin verwendete er teilweise Naturstein. Wright realisierte die Usonia-Häuser fast ausschließlich am Stadtrand oder auf dem Land. Sie sind geschickt in die Landschaft eingebettet, bilden ihre Fortetzung, so wie es sich der Architekt vorstellte. Er baute diese preiswerten Architektenhäuser bis Ende der 1950er Jahre.

Wright plante auch zahlreiche Hochhäuser, bis hin zu dem utopistischen, eine Meile hohen Wolkenkratzer. Realisiert wurden jedoch letztlich nur zwei Hochhausbauten: das Laborgebäude für Johnson Wax in Racine (Wisconsin, 1950) und ein Wohn- und Bürohochhaus in Bartlesville, der Price Tower (Oklahoma, 1956). Die Konstruktion wurde von ihm selbst entwickelt und besteht in einem zentralen »Stamm«, von dem aus die Geschossdecken wie Äste auskragen. Der Meister der organischen Architektur erfand Hochhäuser, deren Konstruktion der von Bäumen vergleichbar ist. Der Price Tower erscheint wie ein »Baum« mit 17 Geschossen, der aus dem »Wald der urbanen Hochhäuser« geflohen ist, um sich auf dem flachen Land niederzulassen und die Landschaft zu beherrschen. Der quadratische Grundriss ist in vier Sektionen unterteilt, wobei jedes Viertel um 55° gedreht ist. In der Mitte jeder Seite kragen dreieckige Erkerfenster aus der Fassade. Das Raster, auf dem das Gebäude aufbaut, besteht aus nebeneinandergesetzten Rhomben, sodass der Baukörper stark gegliedert ist. Die Fassaden sind in horizontaler Richtung mit Sonnenschutzvorrichtungen aus grün patiniertem Kupfer verkleidet und in vertikaler Richtung mit

Frank Lloyd Wright, Außenansicht des Sol Friedman House, 1948, Pleasantville, New York

Noch als Achtzigjähriger experimentierte Wright mit neuen Bauformen, sogar bei seinen einfachsten Gebäuden. Der Grundriss dieses Wohnhauses besteht aus zwei miteinander verbundenen Kreisen, der größere beschreibt den Grundriss des ersten Obergeschosses. Das Haus ist aus Naturstein gebaut, und ein langer Wall verbindet es mit dem Portikus für die Pkws, der ebenfalls von einer runden Mauer umgeben ist. Die Dächer bestehen aus zwei kreisrunden Platten, die in der Mitte wie Pilze von einer Stütze getragen werden.

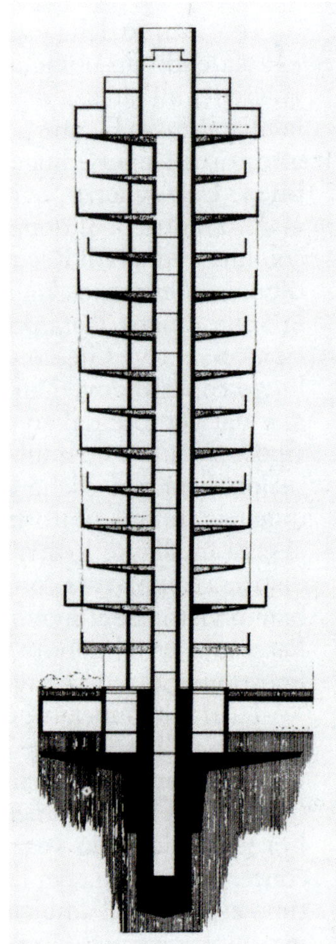

Frank Lloyd Wright, Laborgebäude der Johnson Wax Company mit Schnitt (oben), 1950, Racine, Wisconsin

Bei den Johnson Wax Headquarters handelt es sich um ein Meisterwerk des Erfindungsreichtums: Die Baumkonstruktion mit einem tragenden Stamm und den auskragenden Decken hat zur Folge, dass die Fassade keine tragende Funktion hat und Wright sie als leichte, transparente Haut ausführen konnte. Er entwickelte dafür Paneelen aus Glasröhren, die miteinander verbunden sind. Die beschwingte Linienführung des Gebäudes ist auch darauf zurückzuführen, dass die Laborräume zweigeschossig sind und ein Mezzaningeschoss haben. Die sieben umlaufenden Klinkerstreifen in der Fassade entsprechen den Decken der vierzehn Geschosse; die Laborräume verteilen sich also auf sieben Doppelgeschosse. Die horizontal miteinander verbundenen transparenten Paneelen lassen die Konstruktion besonders nachts deutlich von außen erkennen.

farbigen Gläsern. In diesem Gebäude tritt der Einfluss des Art déco auf die Arbeit von Wright besonders deutlich zutage. Dieses Projekt ist eine Weiterentwicklung des St. Mark's Tower mit 18 Geschossen, den der Architekt 1929 in New York geplant hatte. Hier waren aufgrund der Baumstruktur zweigeschossige Wohnungen möglich, die Fassade ist mit Metalllamellen und Glas verkleidet.

In seiner letzten Schaffensperiode experimentierte Wright mit neuen Bauformen, denen er sich wie immer völlig unvoreingenommen und unabhängig von Bestehendem widmete. Wright beließ nun die parallelen Formen auf dem Boden und suchte mit schlanken Körpern in den Raum vorzudringen, mit spitzen, nadelförmigen Körpern, mit Kuppeln oder wie Hörner gebogenen Formen.

Aus dieser Zeit gibt es einige Gebäude, die Frank Lloyd Wright berühmt gemacht haben und die man berücksichtigen muss, wenn man seine Arbeit wirklich kennenlernen möchte. Wright entwickelte dekorative Elemente auf der Grundlage geometrischer Entwürfe, die manchmal an die Art-déco-Epoche erinnern, dann wieder an die Formensprache der Maya. Manchmal weisen sie aber auch orientalische Elemente wie die hufeisenbogenförmigen Fenster und die gezackten Simse auf.

Frank Lloyd Wright, Civic Center, 1959–1969, Marin County, Kalifornien

Dieses große Gemeindeverwaltungszentrum wurde erst nach Wrights Tod fertiggestellt. Ein Teil bildet eine Brücke zwischen zwei Hügeln. In diesem letzten Bauwerk des Architekten kommen noch einmal alle formalen und dekorativen Entwicklungen zum Tragen. Er arbeitet mit abgerundeten Formen, Bogenfenstern und der hohen, nadelförmigen Spitze. Es scheint fast, als wollte Wright sich – wie viele andere Künstler auch – im hohen Alter einen neuen Weg zur Architektur erarbeiten.

Frank Lloyd Wright, Price Tower, 1956, Bartlesville, Oklahoma

Mit dem Price Tower realisierte Wright ein weiteres Gebäude mit einer baumartigen Konstruktion. Das Gebäude ist kleinteilig gegliedert, da der Architekt stets bemüht war, einen glatten, kompakten Baukörper zu schaffen. Die geometrischen Dekorationselemente, die eng zusammenstehenden Sonnenschutzlamellen, der Wechsel von horizontalen und vertikalen Bauteilen, die vielen auskragenden Elemente und die farbigen Gläser tragen dazu bei, dass das Gebäude dem damaligen dekorativen Zeitgeschmack der Amerikaner entsprach. Der Price Tower erinnert an andere Projekte von Wright aus den 1920er Jahren.

► **Frank Lloyd Wright, Eingangsdetail der Synagoge, 1953, Elkins Park, Pennsylvania**

Die pyramidenartige Synagoge in Elkins Park hat geneigte Wände, die ein hohes, weit auskragendes sechseckiges Kuppeldach tragen. Die Grate werden durch weitere vorspringende Dreiecke und gebogene Simse betont. Dies ist Wrights letztes Gebäude: Der eifrige Bibelleser schloss sein Lebenswerk mit einem jüdischen Tempel ab. Das Gebäude entwickelt um einen zentralen Grundriss nach allen Seiten ein Geflecht von Dreiecken, die sich schwungvoll in den Raum fortsetzen, wie die winkelförmigen Spitzen oder die Vordächer. Das Zusammenspiel wird durch die vollverglaste sichtbare Dachkonstruktion mit den schmalen Rippen noch hervorgehoben. In seiner Transparenz verbindet sich der vertikale Raum mit dem Himmel. Damit geht die Architektur noch einen Schritt weiter als das Johnson-Wax-Laborgebäude und das Guggenheim Museum mit den Oberlichtern.

DAS MEISTERWERK

DAS GUGGENHEIM MUSEUM IN NEW YORK

Solomon Guggenheim wünschte sich ein Museum, um seine Sammlung ausstellen und Wanderausstellungen moderner Kunst präsentieren zu können. Wright entwarf eine Plattform, auf die er ein kleines, zylindrisches Gebäude und einen großen, glatten weißen, umgekehrten Kegelstumpf mit horizontalen Einschnitten setzte. Der Hauptbaukörper ist innen hohl. Es gibt nur einen Gang, der von oben, wo das Gebäude am breitesten ist, als Spirale an den Außenwänden entlang bis hinunter in das Atrium geführt wird. Das Projekt ist eine geniale Synthese der sehr präzise definierten Alternativen, zwischen denen man im New Yorker Stadtgefüge wählen kann: rund gegen parallelepiped, niedrig gegen hoch, umgekehrter Kegel gegen Ziggurattürme, die nach oben streben. Diese Spirale war die gleiche wie in Le Corbusiers unendlichem Museum – nur auf den Kopf gestellt. Wright setzte die Spirale in jenen Jahren mehrfach ein, bei den Ausstellungen im Morris Gift Shop in San Francisco (1948) und beim Mercedes-Showroom in New York (1954). Der große Leerraum in der Mitte mit dem an der geschlossenen Außenwand entlang geführten Umgang wird von einem großen Oberlicht belichtet, wie bei dem Larkin-Verwaltungsgebäude, dem Verwaltungsgebäude der SC Johnson Wax und später dem Marin County Civic Center. Er setzte die absolute Form ohne jedes dekorative Element ein, damit von den ausgestellten Werken nicht abgelenkt wird – ein wahrhafter Rundgang durch die Architektur und an der Kunst entlang, auf dem man das gesamte Bauwerk durchschreitet; und von jedem Standpunkt hat man einen Überblick über das gesamte Gebäude. Dass das Betrachten der Bilder im spiralförmigen und geneigten Rundgang ziemlich unbequem verlaufen muss, interessierte Wright wenig; für ihn galt das Primat der Architektur. Während Frank Lloyd Wright für seine Einfamilienhäuser typisierte Modellhäuser verwandte, sind seine Architektursolitäre vollkommen eigenständige Neuentwicklungen, für die es keine Vorbilder gab und die im besten Sinne unnachahmlich sind.

Frank Lloyd Wright, Innenraumansicht des Guggenheim Museum, 1943–1959, New York

Wright plante alle mehrgeschossigen Gebäude als Baukörper ohne Öffnungen mit umlaufenden Rängen, von denen man auf den zentralen Leerraum blickt, und einem großen Oberlicht als Dach. Beispiele dafür sind das Larkin Building, Johnson Wax Headquarters und natürlich das Guggenheim Museum. Im letztgenannten Gebäude ist der umlaufende Rang gleichzeitig der Rundgang, der von oben nach unten führt. Er beginnt oben und endet im Atrium neben einem sichelförmigen Wasserbecken. Für den Besucher ist dieser kontinuierliche Rundgang ein Zeichen für die Dynamik des Raumes, der sich um ein Zentrum herum entwickelt. Es ist eines der letzten Bauwerke von Wright.

Frank Lloyd Wright, Außenansicht des Guggenheim Museum, 1943–1959, New York

Das Bauwerk in der Gestalt eines Kegelstumpfs wird durch horizontale Einschnitte geöffnet, die von oben die ausgestellten Kunstwerke belichten, ohne dass der Besucher die Lichtquelle sieht. Die Schlitze betonen die Gestalt und lassen den Baukörper so erscheinen, als wäre er aus übereinandergelagerten Schichten zusammengesetzt.

Folgende Doppelseite
Frank Lloyd Wright, Oberlicht des Guggenheim Museum
1943–1959, New York

Das von unten gesehene Oberlicht bildet den Abschluss des zentralen Leerraums. Es ist die einzige Lichtquelle. Wright setzte dieses dekorative Element mehrfach bei seinen Entwürfen ein.

DIE EUROPÄISCHEN MEISTER

Le Corbusier und Alvar Aalto, deren Werke fast in derselben Zeitphase entstanden, kann man als die beiden herausragenden europäischen Meister bezeichnen, auch wenn sie in ihrer Architekturauffassung grundlegend verschieden waren. Le Corbusier lebte in Paris, damals das kulturelle und künstlerische Zentrum der Welt. Er reiste viel, schrieb Bücher, prägte Schlagworte und definierte architekturtheoretische Prinzipien, wie 1927 die »Fünf Punkte einer neuen Architektur« (»Cinq points pour une architecture nouvelle«). 1948 entwickelte er sein Maß- und Proportionssystem »Modulor«. Außerdem war er einer der Begründer der Congrès Internationaux d'Architecture Moderne (CIAM).

Jeder Entwurf entsprach einem typologischen und formalen Manifest, selbst die Anordnung der Räume war neu. Dabei plante er die Projekte ortsungebunden und autonom. Abgesehen von seiner Anfangszeit, der weißen Periode, in der er rationalistische Werke entwickelte, war Le Corbusiers Architektursprache vom Brutalismus geprägt. Mit wahrer Meisterschaft kam bei den Nebengebäuden seiner Entwürfe ein puristisches Vokabular zum Tragen. Bei der Kapelle von Ronchamp, diesem architektonischen Solitär, entfachte er damit ein wahres Feuerwerk. Le Corbusier hat maßgebliche Entwürfe zur Umgestaltung von Städten vorgelegt und seine Arbeiten waren für die Entwicklung der modernen Architektur in Brasilien, in den Vereinigten Staaten und in Japan von grundlegender Bedeutung.

Alvar Aalto hingegen lebte in Helsinki zwischen Meeresbuchten, Seen und Wäldern. Er schrieb keine Bücher und reiste nicht viel. Er arbeitete an Architekturentwürfen, die das vorhandene Gleichgewicht des Ortes nicht stören sollten. Seine Baukörper zeigen fließende und geschwungene Konturen, die lang gestreckten Grundrisse öffnen sich manchmal fächerförmig oder werden in der Ansicht zu Dreiecken, durch die das Licht in die Räume einfällt. Jedes Mal, wenn ihm eine Komposition gelang, kam sie beim nächsten Projekt wieder zur Anwendung, sodass ein formales Repertoire entstand. Mit der Planung für die Siedlung Rovaniemi legte Alvar Aalto auch ein städtebauliches Konzept in der Tradition der Gartenstadt vor.

Alvar Aalto, Innenraumansicht der Heilig-Geist-Kirche, 1963–1965, Wolfsburg

445 1245
307
351 1-3+13
607

LE CORBUSIER

In den 1950er und 1960er Jahren war Le Corbusier der international renommierteste Architekt. Er plante Gebäude und ganze Städte, er malte und entwarf Skulpturen, schrieb und initiierte internationale Kongresse wie die CIAM und befasste sich mit den damals drängendsten Problemen der zeitgenössischen Architektur. Er proklamierte Slogans und erfand neue Termini, er entwickelte das Proportionssystem »Modulor« und wandte es auf Gegenstände des täglichen Lebens ebenso an wie auf Gebäude. So ist es kaum verwunderlich, dass er jedes Werk geradezu als Manifest verstanden wissen wollte, als Gebäude, die aufgrund der Typologie ihrer Aufteilung, ihrer Gestaltung und Erscheinung beispielhaft waren. So entwirft er nach Ronchamp – das allein schon einen Architekten unsterblich machen könnte – die fünf Unités d'Habitation (ab 1952), das Kloster La Tourette in Eveux (1960), das Kulturhaus in Firminy (1965), die Maisons Jaoul in Paris (1955), das Verwaltungszentrum von Chandigarh (1955) und das Carpenter Center for the Visual Arts in Cambridge, Massachusetts (1963). Eine breit gefächerte Tätigkeit, wobei der Bau der Unités d'Habitation Teil des Wiederaufbaus in Frankreich war und das Projekt für Chandigarh zum Programm der Verbreitung moderner Architektur in Schwellenländern gehörte. Die verschiedenen Gebäude sind alle zu Denkmälern der zeitgenössischen Architektur geworden, weckten unmittelbar das öffentliche Interesse und wurden von den Kritikern mit großem Beifall bedacht. Es gibt hier keine Evolution, sondern Kohärenz und Kontinuität. Jedes Gebäude steht für sich: La Tourette liegt an einem Hang auf dem Land, Ronchamp oben auf dem Gipfel eines Hügels, die Maisons Jaoul befinden sich am Stadtrand von Paris, die Verwaltungsgebäude von Chandigarh wurden auf einer Ebene außerhalb der Stadt errichtet und auch die Unités liegen, mit Ausnahme der Unité in Marseille, außerhalb der Wohnviertel. Doch nur so können sie ihre Einzigartigkeit, ihre skulpturale Kraft und ihre städtebauliche Bedeutung unter Beweis stellen.

In Cambridge fällt die typologische Innovation besonders auf: Das Carpenter Center for the Visual Arts wird von einem öffentlichen, leicht geschlängelten Fußweg durchzogen. Der als S-förmige Rampe angelegte Weg hebt und senkt sich demonstrativ, ohne dass dafür ein funktionaler Grund besteht. Dadurch ergibt sich die Möglichkeit, das Gebäude zu durchschreiten und es von ganz unterschiedlichen Blickwinkeln wahrzunehmen. Le Corbusier versuchte die Kontinuität des Raums nicht zu unterbrechen, was bei früheren Projekten durch die Pilotis gelang.

Auch die Klosteranlage La Tourette war ein sehr innovatives Bauwerk. Dem Vorbild der Zisterzienserklöster entsprechend, baut sie auf einem quadratischen Grundriss auf, entwickelt sich aber über mehrere Ebenen und wird

Le Corbusier, Carpenter Center for the Visual Arts, 1963, Cambridge, Massachusetts

Das Carpenter Center ist das letzte von Le Corbusier realisierte Gebäude: eine Brückenkonstruktion über einem S-förmigen Fußweg. Bei diesem neuen Gebäudetypus wurden die Pilotis der früheren Arbeiten durch Betonscheiben ersetzt.
In den leicht gerundeten, seitlichen Baukörpern befinden sich offene Räume. Es gibt zwei Fassadentypen: die mit den vertikalen »Brises Soleil«, den Sonnenschutzblenden, und die mit den großen, diagonal angeordneten Sichtblenden, die der Fassade Tiefe verleihen.

durch zwei sich im Hof kreuzende Verbindungsgänge gegliedert. In Chandigarh schließlich ist jedes Gebäude je nach seiner Bestimmung individuell gestaltet.

Die Synthese von Material – der Architekt verwandte Sichtbeton, entsprechend den Prinzipien des Brutalismus – und Gestaltung wirkt stets kraftvoll. Die Formen stammen ursprünglich aus der rationalistischen Architektur und wurden durch Le Corbusier verändert und neu belebt. So ist das Dach des Justizpalasts in Chandigarh, der unmittelbar neben dem lang gestreckten, strengen Baukörper des Sekretariatsgebäudes steht, sehr plastisch mit einer nach oben gebogenen Krempe ausgebildet. Es wird von drei schmalen farbigen Scheiben getragen.

Die Kirche des Klosters La Tourette ist ein perfektes Parallelepiped aus Beton. Durch die horizontalen und vertikalen Lichtschlitze in den Außenwänden und den plastischen Baukörper der Apsis hat der Raum eine poetische Wirkung. Beim Carpenter Center for the Visual Arts in Cambridge verschmelzen die beiden Baukörper durch abgerundete plastische Formen, die eine große Wirkungskraft haben. In Firminy heben sich die beiden Fassaden im oberen Bereich ab, sie sind hinter der Hauptfassade zurückversetzt und als durchgehendes Band gestaltet. Der Baukörper steht unmittelbar an einem Felsabbruch. Auch Le Corbusier wiederholte bestimmte Elemente seiner Architektursprache immer wieder, wie zum Beispiel seine vertikalen Sonnenschutzvorrichtungen, die er unregelmäßig nach einem bestimmten musikalischen Rhythmus anbrachte. Dies kann man sowohl in Firminy als auch bei den niedrigen Baukörpern in Cambridge und dem dreigeschossigen Kloster La Tourette beobachten. Dort stehen die »Brises Soleil« unmittelbar vor der Betonfassade des zweigeschossigen

Le Corbusier, Kulturhaus, 1965, Firminy, Frankreich

Die Hauptfassade dieses lang gestreckten, zweigeschossigen Gebäudes neigt sich nach vorne über einen steilen Felsabbruch – eine gewagte Gestaltung. Konstruktiv wird die Auskragung von den regelmäßig gereihten, quer verlaufenden Wandscheiben gehalten. Die Geschossdecke im Inneren des Gebäudes ist mit Gefälle ausgeführt und es gibt Hörsäle mit ansteigenden Sitzreihen. Eine skulptural gestaltete Betontreppe verbindet das Gebäude mit der umgebenden Landschaft. Farbe wurde hier sehr sparsam eingesetzt und dient der Betonung bestimmter Punkte.

Gebäudetrakts mit seinen Klosterzellen. Die Fassaden bestehen nun nicht mehr aus glatten weißen Oberflächen und bedürfen keiner weiteren kompositorischen Gestaltung, sondern sind dreidimensional – wie die großen Zellen, aus denen die Fassaden der Unités d'habitation zusammengesetzt sind, und die tiefen Gewände mit den diagonalen Wänden in Cambridge und das Vordach des Parlamentsgebäudes in Chandigarh. In allen Fällen sind die Fassaden zurückversetzt und nicht direkt sichtbar.

Die Gestaltungselemente haben oft skulpturalen Charakter. Die von Le Corbusier bei früheren Projekten eingesetzten Pilotis sind in Chandigarh oder La Tourette scheibenförmigen Stützen gewichen und profilierten Stützen bei den Unités d'Habitation. Aus dem Regenwasser-Auffangbecken steigen Baukörper in den geometrischen Grundformen empor, wie die überdimensionierten profilierten Wasserspeier.

Le Corbusier wählte wenige Farben aus einer reduzierten Farbpalette, die Lichteffekte herbeiführen. Hier seien als Beispiele die Einzelaltäre in der Krypta von La Tourette genannt. Auch die für Le Corbusier typischen Kompositionsmalereien auf den Portalen und den Stützen des Parlamentsgebäudes gehören dazu. Ebenso waren die grafischen Zeichen, die vermutlich japanischen Ursprungs sind und die man auf einigen Wänden der Kirche von La Tourette findet, oder die farbige Wandgestaltung der Unités d'Habitation ein wichtiger Teil seiner architektonischen Komposition.

Le Corbusier setzte sich über die 1927 von ihm verfassten »Fünf Punkte einer neuen Architektur« hinweg und suchte nach alternativen Ergebnissen. Er blieb beim Flachdach, arbeitete mit freien Grundrissen, Fensterbändern und vorgehängten Fassaden. Le Corbusier starb im August 1965 beim Schwimmen im Meer im südfranzösischen Küstenort Roquebrune. Seine Grabstätte in Menton hat er selbst entworfen. Sie ist minimalistisch und puristisch, mit wenigen nebeneinander positionierten geometrischen Elementen, wenigen Farben und einer in seiner Handschrift gestalteten Inschrift.

Le Corbusier, Außenansicht und Innenraumansicht (►) der Kapellen in der Krypta des Klosters La Tourette, 1960, Eveux, Frankreich

Nachdem Le Corbusier in Ronchamp gebaut hatte, beauftragte ihn der Dominikanerpater Couturier mit der Planung eines neuen Klosters nach dem Vorbild der überlieferten Zisterzienseranlagen. Von der Grundstruktur handelt es sich um eine quadratische Anlage, und wie bei allen Zisterzienserklöstern ist auch hier die Kirche von der Klosteranlage getrennt. La Tourette ist hinsichtlich seiner auf mehrere Geschosse verteilten Funktionsbereiche wie Bibliothek, Refektorium und Gästetrakt sehr komplex. Die Mönchszellen nehmen die beiden oberen Geschosse ein – durch die andere Gestaltung von außen sofort zu erkennen. Der Kirchenbau ist als Parallelepiped angelegt. Im Untergeschoss hat Le Corbusier mehrere Altäre nebeneinander positioniert, damit individuelle kirchliche Handlungen vollzogen werden können. Dieser Bereich wird von Oberlichtern, den sogenannten Lichtkanonen, mit Tageslicht versorgt. Jede dieser auf dem Dach angeordneten Lichtkanonen ist von innen in einer anderen Farbe gestrichen.

DAS MEISTERWERK
DIE KAPELLE NOTRE DAME DU HAUT IN RONCHAMP

Le Corbusier schöpfte die Kraft für seine figurativen Gestaltungen nicht aus der Architektur, sondern aus seiner Erfahrung als Maler und aus seiner Freundschaft mit dem kubistischen Maler Amédée Ozenfant. In seinen Entwürfen für Skulpturen, die von dem Kunsttischler Savina ausgeführt wurden, erscheinen kubistische und zoomorphe Figuren, aber auch reine Fantasiegestalten. Le Corbusier kannte Picassos Skulpturen ebenso wie die anonyme Architektur der Oasenregion des M'zab in Algerien, die er in den 1930er Jahren bereist hatte und die reich an plastischen Formen ist. Diese Erfahrungen bilden den Hintergrund, aus dem Le Corbusier seine skulpturalen Gestaltungen entwickelte: die Pilotis, die Kamine, die technischen Baukörper und Treppen. Später, in den 1950er Jahren, war er aufgrund seiner Erfahrungen in der Lage, seinen Fassaden Dreidimensionalität zu verleihen. Da er bei der Wallfahrtskapelle in Ronchamp keine funktionalen Bedürfnisse erfüllen musste, konnte er hoch oben, auf einem Hügel in den Vogesen, ein Gebäude in freien Formen entwerfen. Es bringt die Bilderwelt des Unterbewussten und den gesamten figurativen Reichtum, aus dem er schöpfte, zum Ausdruck. Bei der Wallfahrtskapelle Notre Dame du Haut in Ronchamp (1954) verbindet sich das religiöse Mysterium mit dem »nicht auszudrückenden Mysterium des Raums«.

Der Grundriss des Kirchenraums ist asymmetrisch, und die Außenwände sind entweder konkav oder konvex geformt. Die Nord- und die Westmauer krümmen und »verhaken« sich ineinander, damit die von ihnen umschlossene Kapelle von oben mit Tageslicht versorgt wird. Die Fassade besteht aus einer dicken Mauer, die wie eine Festungsmauer geneigt ist. Über diese Fassade sind tief liegende, schießschartenartige Fenster verteilt. Die farbigen Gläser tragen entweder Schriftzüge oder kleine, fast naiv wirkende Zeichnungen. Die Wand hinter dem Altar, der nach christlicher Tradition nach Osten gewandt ist, wölbt sich konkav, sodass im Außenraum eine konvexe Ausbuchtung entsteht, die den Außenaltar aufnimmt – auch dieser ein Zeichen des geheiligten Raums, in dem man sich befindet.

Le Corbusier, Innenraumansicht von Notre Dame du Haut, 1954, Ronchamp, Frankreich

Der Innenraum ist relativ klein und wird nur von einer Seite her mit kleinen, unregelmäßig angeordneten Fenstern belichtet, die wie natürliche Öffnungen einer Grotte erscheinen. Alle Gläser sind mit einer Inschrift versehen oder mit kindlich wirkenden Zeichnungen bemalt, als stammten sie nicht vom Architekten selbst, sondern von irgendwelchen Besuchern. Die Seitenwände, die den nicht ganz quadratischen Grundriss umschließen, sind unterschiedlich in ihrer Profilierung und in ihrer Gestaltungsaussage. Drei Seiten sind mit grafischen Zeichen bedeckt, die vierte ist von geradezu »romanischer« Massivität. Sie ist wie eine Festungsmauer geneigt und hat schießschartenartige Fensteröffnungen.

Le Corbusier, Südwestfassade von Notre Dame du Haut, 1954, Ronchamp, Frankreich
Die Mauer der Eingangsfassade schwingt sich nach außen, um das Dach zu stützen; die anschließende Seite biegt sich konkav nach innen wie eine Apsis für den Außenaltar. Neben dem Altar sind einige Objekte wie Kanzel und Empore wie Skulpturen platziert.

Alles wird von einem mächtigen »Segel« aus dunklem Beton formal zusammengehalten, dessen Schwere durch einen horizontalen Schlitz zwischen Mauer und Dach aufgehoben und in leichtes Schweben verwandelt wird. Jedes Element ist skulptural gestaltet: die oben halbrund abschließenden Türme, die vertikalen Sonnenschutzblenden, die Fassaden mit den eingestreuten Fenstern, die Wasserspeier, das Wasserbecken und die kleinen Außentreppen. Alle Türen der Kapelle sind vom Architekten bemalt. Das Ensemble vermittelt den Eindruck von Unergründlichkeit und steckt zugleich voller Überraschungen, wie es nur ein Kunstobjekt bieten kann. Der Innenraum erscheint wie eine Grotte, ist klein und nur wenig erhellt und neigt sich zum Altar hin.

Dieses Gebäude hat mit allen Traditionen gebrochen. Es kam für die Kritiker – auch im negativen Sinn – ebenso überraschend wie für die Architekten. Die Wallfahrtskirche Notre Dame du Haut hat die Architektur von ihren typologischen Zwängen befreit und ist zu einem vielfach kopierten, festen Bezugspunkt der Architektur geworden.

ALVAR AALTO

Finnland befindet sich geografisch gesehen am Rand Europas und ist durch die Ostsee von ihm getrennt. Auch von den anderen skandinavischen Ländern unterscheidet sich Finnland durch seine Sprache und Traditionen. Im Vergleich zu seiner Größe ist Finnland dünn besiedelt und gekennzeichnet durch weite Ebenen, unzählige Seen und endlose Waldlandschaften. Diese Distanz spiegelt sich auch in der Kultur wider, sie schwankt zwischen der Entwicklung landestypischer Besonderheiten und dem Bemühen um Anschluss an die kulturellen Strömungen in Europa. Im Bereich der finnischen Literatur ragt Sillampää heraus, in der Musik Sibelius. Alvar Aalto, der aus dem Kunsthandwerk kam, gilt als Finnlands renommiertester Architekt. Nach dem Zweiten Weltkrieg war Aalto fast fünfzig Jahre alt. Ihm war jeglicher Nationalismus ebenso fern wie der kühle Purismus der Moderne. Über drei Jahrzehnte entwickelte er eine charakteristische Architektursprache und hinterließ eine Sammlung von stilistisch konsequenten Werken. Im Unterschied zu Le Corbusier verfasste er jedoch keine Schriften mit architekturtheoretischen Abhandlungen. Aalto war ein stiller Handwerker, der auf höchste Qualität setzte. Seine Gebäude waren immer orts- oder »erdgebunden«. Seine Gebäude sind meist flach und lang gestreckt, mit Ausnahme von zwei Wohnhochhäusern, die er allerdings nicht in Finnland gebaut hat, sondern in Bremen und Luzern. Seine Architektur in den kleinen finnischen Dörfern hat stets eine häusliche Dimension. So sieht seine Planung für das Rathaus und Mehrzweckgebäude von Säynatsälo, einem kleinen Dorf auf einer Insel im Päijänne-See, einen Grundriss vor, der dem eines traditionellen Bauernhofs entspricht. Aalto verwendete für seine Kompositionen stets wiederkehrende, gleiche Grundformen: Für die funktionalen Bereiche ohne Publikumsverkehr (Büros und Besprechungszimmer) sind die Baukörper linear, regelmäßig, also »rational«. Dort, wo Personenverkehr herrscht (Ratssäle, Kirchen, Lesesäle), nehmen die Baukörper »organische« Gestalt an, werden zu trapezförmigen, dreieckigen, gelegentlich auch geschwungenen Baukörpern. Diese Kompositionsprinzipien setzte Aalto sowohl beim Bau der Universität auf der Halbinsel Otaniemi als auch bei den kleinen Bibliotheken in Rovaniemi und Seinäjoki, bei den Kirchengebäuden in Imatra und Lahti und nicht zuletzt auch bei der Finlandia-Halle in Helsinki ein. Man kann sie auch bei zahlreichen anderen Entwürfen herauslesen, wie bei einem Friedhofsprojekt in Dänemark und dem Kulturhaus in Wolfsburg. Aus diesem Grund sind auch die Fassadenverkleidungen des Konzert- und Kongressgebäudes in Helsinki oder der Vorlesungsgebäude der Technischen Universität auf Otaniemi nicht auf dem Grundriss eines Kreisbogensegments geschwungen – das wäre einer unakzeptablen Starrheit gleichgekommen –, sondern in intuitiven Kurven und Krümmungen ausgeführt. Sie lassen das Gebäude im Raum schweben und nehmen ihm alles Starre und Kantige. Von grundlegender Bedeutung ist die fächerartige Anordnung, die Sequenz von sich wiederholenden Elementen, die sich zum Teil immer mehr vergrößern. Die Rathäuser von Säynatsälo und Seinäjoki, aber auch die Universitätsgebäude von Otaniemi zeigen Mauerwerksbauten, die immer parallel zum Gelände errichtet sind und als nach oben, zum Licht hin strebendes Dreieck enden. Es sind geschwungene For-

Alvar Aalto, Außenansicht des Rathauses, 1952, Säynatsälo, Finnland

In diesem Gebäude befindet sich nicht nur das Rathaus, es dient gleichzeitig als Bürger- und Einkaufszentrum. Das Gebäudeensemble fügt sich wie ein traditioneller finnischer Bauernhof in die Landschaft. Der Ratssaal ist um 45° gedreht und befindet sich im Turm. Der Klinkerbau ist eine hervorragende architektonische Neuinterpretation uralter Bautraditionen. Das zeigt sich in der ausgewogenen Komposition der verschiedenen Baukörper und den vielen handwerklichen Details, wie der Außentreppe aus Holz oder den fächerförmigen Dachträgern, die die Decke des Saals tragen.

Oben
Alvar Aalto, Außenansicht der Kirche, 1955–1958, Imatra, Finnland

Aalto entwarf eine Kirche mit drei Kirchenschiffen, die man mithilfe von Schiebewänden in einen großen Kirchenraum verwandeln kann. Dieses Kompositionselement ist außen durch eine fließende Fassadenabwicklung ablesbar: Weiße Baukörper mit einem dynamischen Dach aus brüniertem Metall bauen sich wie drei immer höher ansteigende Wellen auf.

Alvar Aalto, Innenraumdetail der Kirche, 1955–1958, Imatra, Finnland

Jedes Fenster besteht aus einem inneren und einem äußeren Fenster, die den Bewegungen der Mauern folgen. Die Fenster werden durch eng stehende, unregelmäßig angeordnete Sprossen rhythmisiert. Das Ganze wirkt, als ob Licht von oben durch die Baumkronen auf den Boden fällt.
Die Art des Abschlusses mit vertikal angeordneten Lamellen findet sich bei vielen von Aalto entworfenen Gebäuden.

BAKER HOUSE

Alvar Aalto, Studentenwohnheim am MIT, Grundriss des Gebäudes und Innenraumansicht der Mensa, 1949, Cambridge, Massachusetts

Das Gebäude ist ein einfacher Baukörper mit regelmäßig angeordneten Fenstern. Der außergewöhnliche Reiz entsteht erst durch die geschwungenen Grundrisskonturen. Aalto hatte sich für diesen ungewöhnlichen Grundriss entschieden, weil er den umgebenden Außenraum ohne jede Barriere fließend im Inneren des Gebäudes fortsetzen wollte. Er lehnte sich stark an die geschwungenen Fassaden an, die er 1937 für den Finnischen Pavillon bei der Weltausstellung in Paris entworfen hatte. An der rückwärtigen Fassade kragen die Rampen für die Treppen aus, um der Fassade Dynamik zu verleihen und die insgesamt etwas statische Komposition zu beleben. Das Gebäudeinnere hat einen fast »häuslichen« Charakter, selbst ein Kamin befindet sich in der Eingangshalle. Die Mensa ist halb ins Erdreich abgesenkt, denn Aalto war der Meinung, dass man einige Nutzungen nicht überirdisch ansiedeln sollte, weil man sich dann besser konzentrieren kann. Die Mensa hat doppelte Raumhöhe und wird von oben mit Tageslicht versorgt.

◄ **Alvar Aalto, Studentenwohnheim am MIT, 1949, Cambridge, Massachusetts**
Der Grundriss des Studentenwohnheims von Aalto ist sanft geschwungen und fügt sich wunderbar in die Landschaft ein. Die Fassaden sind relativ glatt, doch die Treppenläufe zeichnen sich als Auskragungen deutlich ab. Die Gemeinschaftsräume befinden sich in einem anderen, halb ins Erdreich abgesenkten Baukörper, der ein wenig an eine Erdhöhle erinnert.

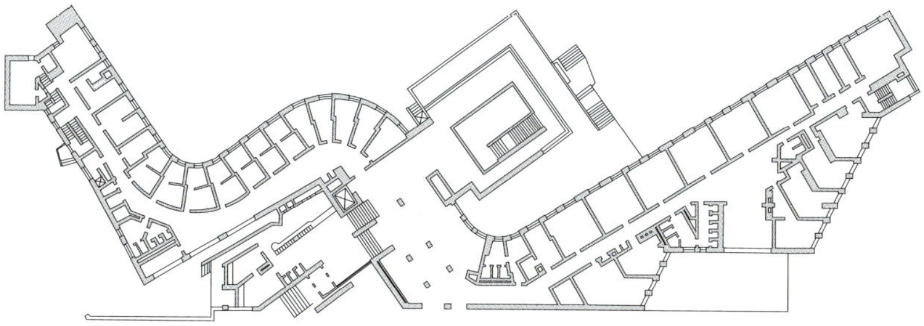

Alvar Aalto, Wohnhochhaus, 1962, Bremen

Dies ist eines der beiden Wohnhochhäuser, die Aalto entworfen hat. Der Gebäudegrundriss ist fächerförmig, sodass jede Wohnung einen lang gestreckten, trapezförmigen Grundriss hat. Die leicht gebogene Fassade ist nach der Sonne orientiert.

men, wie die Studentenwohnheime des MIT in Cambridge, Massachusetts, oder das Kirchengebäude in Imatra. Auch die Grundrisse der Wohnhochhäuser in Bremen und Luzern und die der Bibliotheken in Seinäjoki und Rovaniemi sind fächerförmig konzipiert. Selbst die Endhäuser der Siedlungsbauten in Rovaniemi haben einen fächerförmigen Grundriss. Bei Aalto ist der Raum nie statisch, sondern fließt langsam und dynamisch. Der Rhythmus entspricht der natürlichen, kontinuierlichen, kontemplativen Bewegung sowohl im Innenraum als auch im Außenraum. Aalto suchte in all seinem architektonischen Schaffen auch mit dem Tageslicht zu gestalten. Er versuchte es einzufangen und von oben über Oberlichter in die Gebäude hineinzuführen, wie bei seinen Rathausprojekten und den Büros des Volkspensionsamts in Helsinki. Er setzte die Fenster in den Lesesälen hoch oben knapp unter die Decke. Bei der Kirche in Imatra plante er großflächige und hohe Fenster. Dann wieder arbeitete er mit Sheddächern und Fensterbändern, die von großen, horizontal angeordneten Trägern verdeckt werden, wie bei der Kirche in Riola di Vergato, in der Nähe von Bologna, oder er setzte Oberlichter ein, etwa bei den großen Vorlesungssälen der Universität von Otaniemi. Er entwickelte präzise Kriterien, die dazu führten, dass auch Fenster mit horizontal verlaufenden oder eng nebeneinandergesetzten vertikalen Lamellen realisiert wurden. Aalto schuf architektonische Archetypen, die er bei unterschiedlichen Projekten wiederholte. Er entwickelte ein Konstruktionsmodell, das aus großen, trapezförmigen Portalen mit hohen, horizontalen Trägern besteht. Bei seinen Gebäuden, den Details und den Designobjekten findet man eine ausgeprägte und kontinuierliche Kohärenz, eine große Ähnlichkeit in der Gestaltung. In seiner Architektur zeigt sich ein natürlicher Übergang zwischen dem Urbanen und dem Natürlichen, zwischen der Erde und dem Himmel, zwischen dem Kern des Entwurfs und dem umgebenden Raum, zwischen dem Innenraum und Außenraum mit seinem Licht. All dies wird bereits in den ersten

Projektskizzen deutlich. Aalto hatte eine enge Beziehung zur Natur, dies merkt man auch an seiner Materialwahl: Sichtmauerwerk, weißer Putz, Holz aus den finnischen Wäldern, Metall, vor allem Kupfer und Keramik. Charakteristisch sind auch die von ihm entworfenen halbzylindrischen Fliesen, die er vertikal anordnete. Er legte niemals Farbschichten übereinander und verwendete keine anderen als die natürlichen Farben der Materialien, außer bei den Keramiken, wo er mit grauen und blauen Glasuren arbeitete. Aalto hat auch einige Möbel und Objekte entworfen – Stühle, Hocker, Sessel, bei denen die Verwendung von Holz so »natürlich« und einfach erscheint. Man denke an die Bugholzleisten, die in den Winkeln fächerförmig angeordnet sind und sich hervorragend mit Leder und schwarzem Stoff verbinden. Diese Möbel werden noch heute produziert. Bekannt sind auch die unregelmäßig geformten und geschwungenen Glasvasen und die Lampen, deren Licht durch Lamellen abgeschirmt wird, wie er es auch bei einigen seiner Fensterentwürfe realisiert hat.

Typisch für Aalto ist die einfache und erfinderische Verwendung von Materialien. Das betrifft auch viele Details, wie die Holzträger im Ratssaal von Säynatsälo, wo die Stützen fächerartig zur Decke führen, die Kirchenbänke und die Orgel in der Kirche von Imatra oder die mit Holzprofilen verkleideten Wände der Säle und Auditorien, bei denen die Hölzer wie Bischofsstäbe gewunden sind. Alvar Aalto ist ein Architekt der organischen Architektur ohne jeden expressionistischen Einfluss. Es hieß einmal, dass er unter den Vertretern der organischen Architektur besonders dem Rationalismus nahestehe, und unter den Vertretern der rationalistischen Architektur wäre er eindeutig derjenige, der zur organischen Architektur tendiere. Aaltos Kompositionen sind unverwechselbar. Es gibt keine Nachahmer seiner Architektur, dennoch hat er durch seine kompositorischen Qualitäten, seinen Umgang mit Licht, den Einsatz bestimmter Materialien und nicht zuletzt durch seine methodische Architekturlehre die finnische Architektur stark geprägt.

Alvar Aalto, Zentralgebäude der Technischen Universität Helsinki, 1955–1960, Otaniemi, Espoo, Finnland

Bei Aaltos Universitätsgebäude sind viele seiner typischen Entwurfsgedanken zu einer Synthese zusammengefasst. Das Bauwerk öffnet sich als Dreieck zum Himmel. Die beiden Hörsäle haben unterschiedliche Tiefe, weshalb die Fassade gekrümmt und getreppt ist. Auch hier ist der strenge Einsatz der Materialien zu erkennen.

DIE VERBREITUNG DER MODERNE

Die Architektur der Moderne verbreitete sich zunächst vor allem in Westeuropa und zum Teil auch in den Vereinigten Staaten; nach 1945 erreichte sie außerdem Mexiko, Japan, Brasilien und ganz am Rande auch Indien. Diese Nationen waren entweder aus politischen Gründen isoliert, wie Mexiko und Brasilien, oder von einer andersartigen Kultur geprägt, wie Indien und Japan. Dennoch haben alle genannten Länder eine außergewöhnliche Architekturgeschichte gemeinsam. Le Corbusier war für Brasilien von herausragender Bedeutung. Er wurde als Berater für das Projekt des Erziehungsministeriums engagiert, das 1946 fertiggestellt wurde. Zu den jungen Architekten, die an der Planung beteiligt waren, gehörten auch Lúcio Costa und Oscar Niemeyer. Le Corbusier legte eine großmaßstäbliche Planung für Rio vor und hielt Vorträge, die sein architektonisches Denken offenbarten. Vor allem eröffnete er der neuen Architektengeneration, die von den brasilianischen Präsidenten Vargas (1930–1945 und 1950–1954) und Kubitschek (1956–1961) besonders geschätzt wurden, neue Möglichkeiten zur Umsetzung ihrer Kreativität. Kubitschek war insbesondere ein Gönner Oskar Niemeyers.

Die von Staats wegen verordnete kulturelle Isolation Japans wurde erst Mitte des 19. Jahrhunderts gelockert. Die Architektur der Moderne kam über Kunio Maekawa nach Japan, der in Paris im Büro von Le Corbusier gearbeitet hatte. Maekawa wiederum war später der Lehrer von Kenzo Tange. Die Stärke beider Architekten lag in ihrem großen kompositorischen Abstraktionsvermögen, sie entwarfen konstruktive Elemente aus Holz, griffen auf lineare Symbole und Zeichen aus der japanischen Tradition zurück und banden sie in die neue Architektursprache ein. Auch in Japan waren es einige wenige Architekten, deren Wirken eine enorme Qualität hervorbrachte und Japan zu einem bedeutenden Protagonisten der zeitgenössischen Architektur haben werden lassen. Le Corbusiers Planung für die neue Hauptstadt des Punjab, Chandigarh, seine Bauten und später auch die Arbeiten des Architekten Louis Kahn sollten Einzelfälle bleiben und fanden keine Fortsetzung. Sie wurden von der langsamen Kontinuität der traditionellen Architektur absorbiert. Mexiko hingegen bot den modernen Künstlern nach Beendigung der Mexikanischen Revolution und des Bürgerkriegs innovative Ausdrucksmöglichkeiten. In dem gewandelten Klima konnten auch Architekten wie Juan O'Gorman und Luis Barragán die mexikanische Architekturtradition auf unterschiedliche Weise neu interpretieren.

Kenzo Tange, Sportpalast, 1964, Tokio

CHANDIGARH

Die Teilung von Indien und Pakistan hatte den Rückzug vieler hinduistischer Flüchtlinge in den Punjab zur Folge. Eine neue Hauptstadt sollte diesen Zustand beenden. Nach einem missglückten Einstieg wurde 1951 Le Corbusier mit der Planung beauftragt. Chandigarh ist auf einer Ebene erbaut, unter Rückgriff auf eine in der Geschichte weitverbreitete städtebauliche Grundstruktur: das Quadratraster des Schachbretts. Le Corbusier plante nur wenige, jeweils sehr große Schachfelder. Die Straßen waren in sieben Kategorien mit unterschiedlicher Bedeutung unterteilt, angefangen bei den wichtigen Hauptverkehrsstraßen bis hin zu den Fußgängerwegen in den einzelnen Wohngebieten. Im Stadtkern befand sich das Einkaufszentrum; das Verwaltungszentrum wurde an den Nordrand verlagert. Dort gab es genug Platz und es bestand die Möglichkeit, eine repräsentative Eigenständigkeit zu entwickeln. Chandigarh ist die Umsetzung der Idealstadt, von der Le Corbusier immer geträumt hatte, nach dem zwanzig Jahre zuvor entstandenen Konzept der Ville Radieuse: eine streng gestaltete Stadt als »grüner« Wohnort für Beamte und Angestellte. Es gab weder eine historische Grundlage noch irgendwelche Symbole, die als Vorbild dienten. Als Grundlage diente allein die absolute Rationalität des Entwurfs. Jedes Geviert war als individuelle kleine Gartenstadt konzipiert, mit niedrigen Wohnhäusern und viel Grün. Innerhalb der Wohnblöcke befanden sich Gärten und Schulen und es gab lediglich Fußwegverbindungen. Die Planung und der Bau der Wohnhäuser lagen in den Händen von zwei englischen Architekten, Jane Drew und Maxwell Fry, sowie Le Corbusiers Cousin Pierre Jeanneret. Le Corbusier plante nur einen Haustyp für Angehörige der Kaste der Paria und konzentrierte sich ansonsten auf die Planung der Gebäude des Verwaltungszentrums, das er bezeichnenderweise »Kapitol« nannte und welches ihn bis zu seinem Tod im Jahr 1965 beschäftigen sollte.

Le Corbusier, Die offene Hand, posthume Realisierung nach 1965, Chandigarh, Indien

Dieses Denkmal befindet sich auf dem ebenen Kapitolsplatz. Es ist schon fast ein Markenzeichen des Architekten, das zum Ausdruck bringen soll: »Ich habe mit offener Hand empfangen und mit offener Hand gegeben.«

Le Corbusier, Parlament, 1955–1961, Chandigarh, Indien

Le Corbusier bemühte sich bei seinen Entwürfen für die Verwaltungsgebäude, für die er die großen Arkadengänge entwickelte, symbolische Formen und Anspielungen aus seinem puristischen Formenkatalog zu finden. Thema ist hier der Bezug zum Wasser, im Bild in Form eines Wasserbeckens, das das Gebäude gewissermaßen isoliert.

Die Architektur der Moderne fand in Lateinamerika fast ausschließlich in Brasilien Verbreitung. Es war auch das einzige lateinamerikanische Land, das Le Corbusier 1936 bereiste, als er dort das Erziehungsministerium in Rio de Janeiro plante. Er legte auch Entwurfsskizzen für eine neue Stadtgestaltung von Rio de Janeiro vor, die aber höchst utopisch waren. Im Grunde bestanden sie in einer Synthese all seiner Überlegungen zu den Themen Städtebau, Architektur und Landschaftsgestaltung. Außerdem hielt Le Corbusier verschiedene Vorträge in Brasilien. Nach einer regen Bautätigkeit in der Barockzeit hatte sich dort keine eigenständige Architekturschule mehr entwickelt. Alles, was an klassizistischer, eklektizistischer und Jugendstilarchitektur entstand, war unmittelbar von der europäischen Kultur geprägt. Städtebaulich bestanden die beiden wichtigsten Unternehmungen in der Neugründung von Belo Horizonte Ende des 19. Jahrhunderts und in dem 1939 erstellten Plan für Goiânia, wo man einen Park nach dem Vorbild von Versailles anlegen wollte. Beim erstgenannten Projekt wurde der Stadtgrundriss von Washington, der damals als hervorragendes Vorbild galt, auf ein unebenes Gelände übertragen. Alle späteren Stadtplanungen sind gescheitert.

Die Generation der Architekten, die nach 1930 tätig wurde, hat den europäischen Rationalismus aufgenommen und bei der Planung von Villen und Wohnhäusern umgesetzt – man denke etwa an die Projekte von Lúcio Costa (1902–1998) in Sao Paolo. Costa hatte seine Ausbildung in England und in der Schweiz absolviert und bei dem aus Russland eingewanderten Gregori Warchavchik (1896–1972) erste Praxiserfahrungen gesammelt. Nach 1945 entschieden sich viele brasilianische Architekten für eine stark an Le Corbusier angelehnte Architektursprache. Zu ihren Vertretern gehören der Italiener Rino Levi, Henrique Findling und vor allem die drei Brüder Roberto (Marcelo, Milton und Mauricio), die 1939 den Flughafen DuMont in Rio de Janeiro bauten, 1956 das Hochhaus in Rio Branco und in den 1960er Jahren die Wohnhäuser im Stadtteil Guinee. Auch Affonso Eduardo Reidy (1909–1964) plante bedeutende Bauwerke und ließ sich dabei von unterschiedlichen Formenkanons inspirieren. Seine beiden großen Sozialwohnungskomplexe in Rio de Janeiro, in Pedregulho (1947) und in Gavea (1958), sind mehr als 300 Meter lang und den Unités d'Habitation von Le Corbusier nachempfunden. Mit ihren geschwungenen Grundrissen reagieren sie auf die Topografie. Die Bauten sind auf einem steilen Gelände errichtet und ruhen auf Pilotis. Auf halber Höhe gibt es ein Luftgeschoss, das als Gemeinschaftsfläche genutzt wird. Offensichtlich hat Reidy bei Le Corbusiers Entwürfen für Algier und Rio de Janeiro Anregungen bezogen.

Bei anderen Gebäuden, die er in Rio de Janeiro errichtete, wie das Museum für Moderne Kunst (1954) und ein Theater (1950), sind den Baukörpern senkrecht angeordnete Scheiben vorgelagert, auf denen weit vorkragende Sonnenschutzdächer ruhen, die den Baukörpern ein repräsentatives Aussehen verleihen.

► Affonso Eduardo Reidy, Sozialwohnungen, 1947, Pedregulho, Rio de Janeiro, Brasilien

Der Architekt Affonso Eduardo Reidy hat diesen großen Gebäudekomplex mit Sozialwohnungen, der den geschwungenen Kurven des Geländeverlaufs folgt, auf den Hügeln von Rio de Janeiro entworfen: eine »Unité d'Habitation« mit Kleinstwohnungen, einem Leergeschoss etwa auf halber Höhe und einem Flachdach, das als Gemeinschaftsraum dient. Die Architektursprache ist offensichtlich – wie eigentlich alle Arbeiten der 1950er Jahre in Brasilien – von den Werken Le Corbusiers inspiriert.

Roberto Burle Marx, Garten des Verteidigungsministeriums, 1954, Rio de Janeiro

Roberto Burle Marx (1909–1994) war der erste brasilianische Gartenarchitekt, der sich mit der heimischen Pflanzenwelt auseinandergesetzt und sie in seine Gartengestaltungen einbezogen hat. Bei seinen Kompositionen arbeitete er sowohl mit den vielfältigen Grüntönen der Pflanzen als auch mit mineralischen Elementen wie Splitt, Kies oder Beton für all die Bereiche des Gartens, die sich nicht verändern sollten. Die Gartenentwürfe waren Ergebnis komplexer Planungen und dienten nach dem Vorbild der japanischen Zengärten auch als Orte der Meditation.

OSCAR NIEMEYER

Der bedeutendste und mit Sicherheit auch umstrittenste Vertreter der brasilianischen Architektur ist der 1907 geborene Oscar Niemeyer, der seit 1937 bis heute als Architekt tätig ist. Niemeyer übernimmt Elemente aus der Architektursprache von Le Corbusier, wie die großmaßstäblichen Baukörper, große Sichtbetonoberflächen, die rhythmisch angeordneten Sonnenschutzvorrichtungen und die skulpturalen Gestaltungen bestimmter technischer Bauteile. All diese Elemente setzt er in origineller Weise in plastische Formen um, deren Vorbilder er bei Le Corbusier fand, vor allem in seinen Malereien und Skulpturen, die eine starke figurative Aussagekraft haben. Niemeyer ist ein außergewöhnlich erfindungsreicher Gestalter. Seine Formen sind immer neu und ausgefallen, und seine Schaffenszeit von mehr als 70 Jahren ist von einer Kontinuität geprägt, die seine Handschrift absolut unverwechselbar macht. Bei einigen seiner Bauwerke wird einem regelmäßigen Baukörper ein weißer Portikus vorgelagert, der als vorgestellte Fassade mit großen Arkadenbögen das Erscheinungsbild prägt, wie beim Verlagsgebäude von Mondadori in Segrate in der Provinz Mailand (1975) oder beim Palácio da Alvorada, der offiziellen Residenz des brasilianischen Präsidenten in Brasilia (1960). Bei anderen Gebäuden ist es die besondere Form, die ihm Symbolkraft verleiht, so bei der Kathedrale von Brasilia (1970 eingeweiht), der Kirche São Francisco de Assis (1943) in Pampulha und bei dem abgesenkten Platz in Le Havre. Bei dem Copan-Gebäude (1957) in Sao Paolo mit seinem S-förmig geschwungenen Grundriss und dem Hochhaus mit Kleeblattgrundriss in Belo Horizonte (1962) sind die Fassaden durch vorgelagerte, in dichten Reihen übereinandergelegte, horizontal verlaufende Sonnenschutzvorrichtungen gegliedert. Sie verleihen der Fassade Tiefe, verbergen die verglasten Fassaden und betonen die gerundeten Formen.

Bei seinen neueren Arbeiten dominieren die fantastischen skulpturalen Formen. Sie wirken wie ein Logo und verzichten beinahe auf ihre Funktion, wie beim Nationalmuseum in Brasilia (2006) und beim Volkstheater in Niteroi (2007). Niemeyer hat alle bedeutenden Gebäude von Brasilia gebaut, daneben auch ein Wohnhaus im Berliner Hansaviertel. Er war mit seinen Entwürfen stets bestrebt, das typisch Brasilianische zum Ausdruck zu bringen, doch inzwischen ist sein Entwurfskanon zu einer der Architektursprachen der Globalisierung geworden.

▶ Unten
Oscar Niemeyer, Praça dos Três Poderes – Platz der Drei Gewalten, 1962–1964, Brasilia

Dieser Ort verkörpert alle Symbole dieser Stadt. Neben einem flachen Baukörper ruht auf der einen Seite eine gewöhnliche und auf der anderen Seite eine umgedrehte Kuppel. In diesen Baukörpern befinden sich die Räumlichkeiten der beiden Kammern des brasilianischen Parlaments. Aus der Mitte des flachen Bauwerks ragen die beiden leicht unterschiedlichen Bürotürme hoch hinauf.

Oscar Niemeyer, Außenministerium, 1962–1965, Brasilia

Bei den Gebäuden, die Le Corbusier nach 1955 errichtete, waren die Fassaden aus aussagekräftigen konstruktiven Elementen zusammengefügt und die Außenmauern sozusagen in eine zweite Ebene zurückversetzt. Als Niemeyer seine Projekte für Brasilia begann, orientierte er sich daran und entwarf einfache Baukörper, vor die er weiße Arkaden setzte. Er variierte dieses Thema vielfach mit immer neuen und eigenständigen Ergebnissen. Der »Superportikus« des Außenministeriums wurde auf Wunsch der Bauherrschaft in ähnlicher Weise beim Hauptsitz des Mondadori-Verlags in Segrate bei Mailand ausgeführt.

DAS MEISTERWERK
BRASILIA

1955 fiel die Entscheidung für den Bau einer neuen Hauptstadt Brasilia. Es handelte sich um eine politische und strategische Entscheidung, mit der die Eroberung eines neuen Territoriums signalisiert werden sollte: Denn die Nation breitete sich von den Küsten ins Landesinnere aus, von den städtischen Ballungszentren im Süden nach Norden. Damals wurde wiederholt, was bereits 1885 geschehen war, als man 800 Kilometer nordwestlich von Rio die neue Stadt Belo Horizonte gegründet hatte.
Es wurde ein Wettbewerb ausgeschrieben, den Lucio Costa 1957 mit einigen Tafeln gewann, auf denen er seine Konzeption mit Freihandzeichnungen präsentierte. Der Grundriss der neuen Stadt ist voller Symbolkraft. Man kann ihn als Papierdrachen interpretieren, als Flugzeug oder als Kreuzzeichen, wie sie die Pioniere auf ihren Fahnen trugen, als sie sich anschickten, das Land zu erobern. Entlang der Zentralachse sind alle Repräsentativbauten aneinandergereiht – die verschiedenen Ministerien, das Theater und die Kathedrale. Den Abschluss bildet der am Ufer eines künstlichen Sees angelegte Platz der Drei Gewalten, Praça dos Três Poderes. Im Kreuzungspunkt der beiden Achsen befindet sich der zentrale Busbahnhof. Damit soll darauf hingewiesen werden, dass man von hier aus mit allen angrenzenden Gebieten verbunden ist. Entlang der leicht gekrümmten Flügel reihen sich die Wohngebiete auf.
Die Stadt war für 15 000 Einwohner ausgelegt. Heute hat sich Brasilia längst planlos weiterentwickelt, ist über die festgesetzten Grenzen hinausgewachsen und hat nun viele große Vorstädte. Für diese Entwicklung kann man den Planer jedoch nicht verantwortlich machen.
Niemeyer, der Mitglied des Preisgerichts war, wurde die Planung der Gebäude übertragen, eine Aufgabe, die er höchst fantasievoll interpretierte. Er entwickelte Formen und Räume voller Symbolik, die heute ein fester Bestandteil der Architekturgeschichte sind. Man denke an die große Dachfläche mit den beiden gewölbten Baukörpern – der eine als Schale, der andere als sein Gegenstück und Kuppel ausgebildet, und dazwischen die beiden Hochhausscheiben mit den Büros. Andere Beispiele sind die prächtige Kronenform der Kathedrale, die aus den Tragwerksrippen gebildet ist, oder die hohen Arkaden des Regierungsgebäudes mit seinen charakteristischen sichelförmigen Bögen. Bei den großen Superblöcken ordnete Niemeyer an den Rändern jeweils Gebäudepaare an, die durch außen vor den Fassaden angeordneten Treppentürmen verbunden sind. Alles in Brasilia, jeder Entwurf, von der Stadtplanung bis zur Architektur, hat seine ganz spezifische Bedeutung.

Lucio Costa, Lageplan von Brasilia, 1955–1957

Der Stadtgrundriss erinnert an einen Papierdrachen oder an ein Flugzeug, aber auch an ein Kreuz mit leicht gebo-

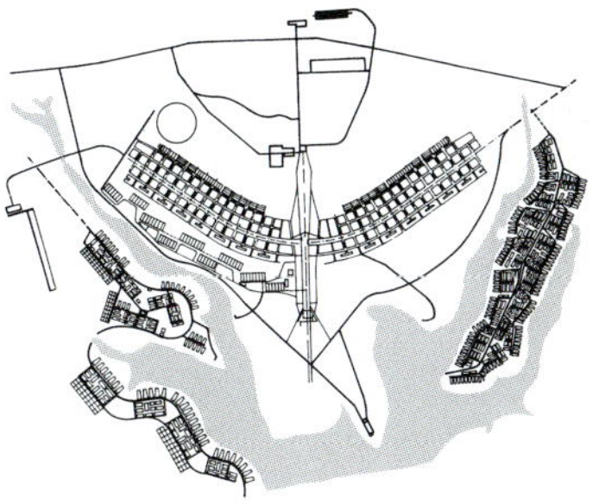

genen Flügeln beziehungsweise Seitenarmen. Am Kopf einer repräsentativen Mittelachse befinden sich die Regierungsgebäude und zwei Seitenarme mit den Blöcken der Wohnbebauung.

JAPAN

Japan gehörte zu den Nationen, die die größten Schäden im Zweiten Weltkrieg erlitten. 1945 fehlten mehr als 4 Millionen Wohnungen – 2,5 Millionen waren zerstört worden und 1,8 Millionen Wohnungen fehlten bereits zuvor. Der Wiederaufbau wurde mit niedrigen Fertighäusern im Sinn der traditionellen Architektur geleistet. Innerhalb von fünf Jahren entstanden mehr als 2 Millionen Wohnungen, an denen jedoch nicht die besten Architekten beteiligt waren. Sie wurden mit dem Bau repräsentativer Gebäude beauftragt, wie Bürogebäuden, Museen, Bahnhöfen und Universitätsbauten. Nach der jahrhundertelangen Isolation, in denen die Tradition aufrechterhalten wurde, öffnete sich Japan nun der Welt. Und während die japanischen Architekten auf das Europa der Moderne schauten, entdeckten die Europäer die japanische Wohnhausarchitektur. Auch in Japan war in den 1950er und 1960er Jahren der Einfluss von Le Corbusier von entscheidender Bedeutung. Bei ihm hatte von 1928 bis 1930 der japanische Architekt Kunio Maekawa (1905–1986) gearbeitet. Er brachte den Brutalismus nach Japan und vergrößerte dabei den Maßstab um ein Vielfaches. Als Beispiele seien hier das Kulturzentrum (1961) und das Metropolitan Museum of Art (1975) in Tokio genannt, wohingegen seine 1958 in Harumi errichtete Unité d'Habitation als nicht gelungen bezeichnet werden kann.

Kenzo Tange (1913–2005) arbeitete vier Jahre im Büro von Maekawa. Als Preisträger eines Architektenwettbewerbs übernahm er die Architektursprache Le Corbusiers für die Pläne des Friedensmuseums in Hiroshima (1956). Das Museum besteht aus einem lang gestreckten, eingeschossigen Baukörper aus Sichtbeton, der auf Pilotis ruht und dessen Fassade durch vertikal angeordnete Sonnenschutzvorrichtungen gegliedert ist. Seine Rathausprojekte in Tokio (1957) und Kurayoshi (1956) sind ähnlich gestaltet. Mit ihren einfachen Baukörpern und den Elementen der Fassadengestaltung orientieren sie sich eng an den

► **Kenzo Tange, Friedensmuseum, 1956, Hiroshima**

Dies ist das erste Gebäude von Tange, der eindeutig von den Bauprinzipien Le Corbusiers beeinflusst war. Es handelt sich um einen lang gestreckten, rechteckigen Baukörper, der auf Stützen ruht. Die Fassaden werden von vertikal angeordneten Sonnenschutzvorrichtungen rhythmisiert, die ihnen Tiefe verleihen und die dahinterliegenden verglasten Fronten ein wenig verbergen.

Kunio Maekawa, Kulturzentrum, 1961, Tokio

Maekawa führte die figurative Architektursprache der Gebäude Le Corbusiers in Japan ein. Er arbeitete vor allem mit Sichtbeton und passte dieses Material an die traditionellen japanischen Bauformen an, wie die großen Simse, die Einschnitte und die sichtbar belassenen Konstruktionen.

von Le Corbusier gelieferten Vorbildern. Bei seinen späteren Bauwerken kam dann eine starke Entwicklung zum Figurativen hinzu. Die traditionelle japanische Architektur, deren Tragwerke immer aus Holz gebaut und sichtbar sind, wurde nun in Beton und in einem vielfach vergrößerten Maßstab umgesetzt. Tanges Architektur erhielt dadurch eine ungemeine Plastizität und figurative Bezüge, die aus der grafischen Kunst Japans stammen und auf Zeichen aus der Ming-Tradition verweisen. In diesem Geist stehen die Verwaltungsgebäude der Präfektur Kagawa (1958) und das Rathaus von Kurashiki (1960). Beides sind Arbeiten, die unmittelbar zu seinem internationalen Erfolg beigetragen haben.

Mit dem gleichen Ansatz realisierte Tange die beiden Sporthallen für die Olympischen Spiele 1964 in Tokio. Sie erinnern an zwei Zelte. Das eine wickelt sich spiralförmig um einen Mast und das andere ist zwischen zwei Pfeiler gespannt. Tange bewies mit diesen beiden Bauten einen außergewöhnlichen Erfindungsreichtum.

1960 bildete sich in Japan die Gruppe der Metabolisten, zu der Architekten und Stadtplaner gehörten. Sie führten neue Formen in die figurative Darstellung ein – Formen, die von Maschinen inspiriert waren und deren utopisches Design von Megastrukturen gekennzeichnet war. Tange nahm die Botschaft dieser Gruppe sofort auf und integrierte sie in seinen Stadterweiterungsplan für Tokio von 1960. Auch in seinen Gebäuden findet man den Formenkanon der Metabolisten wieder. Das Shizuoka Presse- und Rundfunkgebäude besteht aus einem 60 Meter hohen zylindrischen Turm,

von dem die einzelnen Gebäudeteile in unregelmäßiger Folge abgehängt sind: ein Gebäude, das als Drehpunkt in einem infrastrukturellen Knoten der Stadt wirkt.

Das Yamanashi Presse- und Rundfunkzentrum ist ein Gebäudekomplex, der aus zylindrischen Türmen besteht, zwischen die einzelne Gebäude wie Brücken eingehängt sind. Dieses Projekt ist das wohl eindrücklichste Beispiel für die Architekturströmung der Metabolisten. Tanges Arbeiten der folgenden Jahre sind immer mehr von einem Neorationalismus geprägt. Sie zeigen sehr deutlich die Konstruktion und sind monumental, wie die Universität der Vereinten Nationen (1995) und der Hauptsitz der Fuji-Television (1996) in Tokio.

Arata Isozaki (1931) war ein Schüler von Kenzo Tange. Er gilt als profunder Erneuerer der japanischen Architektursprache. Seine ersten Gebäude in Oita sind eindeutig dem Brutalismus zuzurechnen, wie der horizontale Zylinder der Oita Medical Hall (1960). Seine in der Folgezeit entstandenen Werke zeigen den Einfluss der Revolutionsarchitektur des Claude-Nicolas Ledoux. Diesem Vorbild folgend, entwickelte er ein dreidimensionales Quadratraster, das er etwa bei dem 1974 errichteten Museum of Modern Art in Takasaki und dem Museumsbau in Kitakyūshū (1974) einsetzte, der sehr figurativ gestaltet ist. Der Bau besteht aus zwei parallel zueinander stehenden rechteckigen Baukörpern, die auf einem niedrigen Baukörper lagern und weit auskragen. Im gleichen Zeitraum plante er zahlreiche Gebäude mit Tonnengewölbedächern, deren Baukörper und Fassaden von den französischen Architekten der Aufklärung beeinflusst sind. 1993 entwarf er eine der interessantesten zeitgenössischen Platzgestaltungen in Tsukuba, die auch deshalb erwähnenswert ist, weil sie eindeutig Bezug nimmt auf den Kapitolsplatz in Rom. 1990 baute er einen weiteren Platz in Mito. Hier ist der Raum, aus dem sich ein metallverkleideter, 100 Meter hoher Turm erhebt, der wie eine Origami-Faltskulptur wirkt, geschlossener.

Die Architekten in Japan sind seit den 1960er Jahren ausgesprochen aktiv und haben durch ihre unterschiedlichen Architektursprachen eine ausgefeilte figurative Qualität erreicht.

Oben links
Kenzo Tange, Lageplan von Tokio, 1960

Der Plan für Tokio sah vor, die Bucht mit einer Megasiedlung zu bebauen. Als Bauzeit waren 20 Jahre vorgesehen. Entlang der diagonalen Doppelachse, die tief ins Stadtzentrum eindringt und es mit dem gegenüberliegenden Ufer mit den großen Hafenanlagen verbindet, sollten Bürogebäude und Dienstleistungseinrichtungen entstehen. Senkrecht dazu waren die Straßenachsen vorgesehen.

Oben rechts
Kenzo Tange, Yamanashi-Gebäude, 1966, Tokio

Dieses Gebäude ist ein Symbol und die größte Megastruktur, die jemals gebaut wurde. Die Konstruktion ist nicht aus Stahl, sondern aus Beton, der formal stark überladen ist.

► Arata Isozaki, Platzgestaltung, 1983, Tsukuba, Japan

Isozaki konzipierte hier eine geometrische Platzgestaltung, die in der Mitte eine um ein Geschoss abgesenkte Fläche aufweist. Das Pflastermuster der abgesenkten Fläche entspricht dem Muster des Kapitolsplatzes in Rom. Aus einer seitlich angeordneten Kaskade fließt Wasser in ein Loch in der Mitte des Platzes – eine Anspielung darauf, dass das im Geist von Michelangelo entwickelte Werk letztlich unvollendet ist.

TC

MEXIKO

1920 setzte sich in Mexiko der Rationalismus der Moderne durch; die Moderne schien die Werte der Revolution am besten zu repräsentieren. José Villagrán García (1901–1981) war der Vorreiter dieser Architekturströmung, die vor allem zwischen 1930 und 1950 Bedeutung gewann. Als ihr bekanntester Vertreter gilt Juan O'Gorman (1905–1982), der den Funktionalismus als eine Ausdrucksform der Volksarchitektur betrachtete. O'Gorman war 1935 der Architekt der privaten Wohnhäuser des Malerehepaars Diego Rivera und Frida Kahlo im Stadtteil San Angel. Es waren Fertighäuser, und der Ursprungsgedanke bestand in der Schaffung eines Grundmodells, das man – wie bei der Automobilproduktion – beliebig oft wiederholen konnte. Außerdem fügte er in das von Le Corbusier geplante Wohnhaus des Künstlers Amédée Ozenfant in Paris einige stark farbige Wände in Dunkelviolett und Dunkelblau ein, wie es der mexikanischen Volkstradition entsprach. Während dieser Zeit arbeitete O'Gorman bei der Planung von Schulneubauten mit der Regierung zusammen. Innerhalb weniger Jahre wurden so mehr als tausend Schulen gebaut und damit die Alphabetisierung der Bevölkerung vorangetrieben. Nach 1938 wandte sich O'Gorman vom Rationalismus ab, weil er ihn für eine neue Art der kulturellen Kolonialisierung hielt. Jahre später, 1956, baute er sich ein eigenes Haus mit offenem Grundriss und widmete sich der Malerei von großen Wandgemälden mit sozialkritischen Themen. Dabei beschäftigte er sich intensiv mit der präkolumbianischen Geschichte Mexikos. Es entstanden typisch mexikanische Kunstwerke, die der Bewegung der Toltequidad zuzurechnen sind. 1950 baute er die Universitätsbibliothek im Süden von Mexiko-Stadt, ein zehngeschossiges, rechteckiges, fensterloses Gebäude, das vollständig mit farbigen Mosaiken verkleidet ist. Der Standort, das aride Gelände eines erloschenen Vulkans, war von Luis Barragán ausgewählt worden. Es bot die Möglichkeit, einen großzügigen Universitätscampus im Sinn einer Idealstadt anzulegen, an dem 150 junge Architekten beteiligt waren.

Pedro Ramírez Vázquez, Museo Nacional de Antropología – Anthropologisches Nationalmuseum, 1964, Mexiko-Stadt

Das Museum ist um einen Innenhof herum organisiert, über dem sich teilweise ein großes, auskragendes Vordach befindet, das nur von einer einzigen zentralen Stütze getragen wird. Von dem Vordach fällt Wasser als Kaskade in ein darunterliegendes Becken. Es ist ein Symbol für die Kontinuität der Geschichte, das dem Innenhof eine einladende Atmosphäre verleiht.

Der Exilspanier Félix Candela (1910–1997) arbeitete seit 1939 in Mexiko und entwickelte leichte, elegante Betonschalenbauten, die wie große Muschelschalen wirken und mit denen er gewagte und originelle Formen schaffen konnte. Das erste Gebäude dieser Art war das berühmte Restaurant Los Manantiales in Xochimilco (1950). Candela griff das Thema der geschwungenen Muschelschale hundertfach auf, zuletzt bei dem Großaquarium Oceanogràfic (1994–2002) in Valencia in Spanien. Als weitere bedeutende Gebäude sind das 1964 von Pedro Ramírez Vázquez geplante Anthropologische Museum – Museo Nacional de Antropología – und seine Basilica de Guadalupe (1974) in Mexiko-Stadt zu nennen.

Juan O'Gorman, Ansicht der Fassade der Universitätsbibliothek, 1950, Mexiko-Stadt

Die Universitätsbibliothek ist ein zehngeschossiges, fast fensterloses rechteckiges Gebäude, dessen Fassaden vollständig mit Mosaiken verkleidet sind. Auf der Südfassade ist das Thema Kolonialismus dargestellt, auf der Nordseite geht es um die Kultur der Azteken, auf der Ostfassade um den Aufbau des modernen Mexiko. Die Themen auf der Westfassade sind geheimnisvoll und rätselhaft. Das Gebäude ist ein authentisches Manifest für Bildung und politische Propaganda. Die Mosaiken sind farbenfroh, die Sujets und die nicht immer entschlüsselbaren Symbole volksnah. Die Bibliothek ist zum Wahrzeichen des Universitätscampus geworden.

LUIS BARRAGÁN

Der bedeutendste mexikanische Architekt seiner Zeit war Luis Barragán (1902–1988). Er wurde in Guadalajara geboren und unternahm im Lauf seines Lebens viele Reisen. 1925 besuchte er die Exposition des Arts Décoratifs in Paris, wo er die Pavillons von Josef Hoffmann, Le Corbusier und Mallet Stevens kennenlernte. 1930 und 1931 bereiste er die USA und bewegte sich in den Kulturkreisen von Chicago und New York. 1935 lernte er in Paris Le Corbusier kennen und 1938 Richard Neutra in den Vereinigten Staaten. 1953 kehrte er aus Marokko zurück und war von der Architektur der marokkanischen Kasbahs tief beeindruckt. In seiner ersten Schaffensphase entwarf Barragán traditionelle Gebäude, doch nach seinem Umzug nach Mexiko-Stadt 1935 wurden seine Projekte immer reduzierter und waren vom Purismus des International Style beeinflusst. Seine typischen Arbeiten, die ihn bekannt gemacht haben, realisierte er nach 1947. Diese Gebäude weisen mit ihrer Synthese aus Formen, Licht und Farbe eine ganz eigene Poesie auf. Barragán schuf kleine Wohnhäuser, Sakralbauten, Brunnenanlagen und große urbane Wahrzeichen aus elementaren, simplen Grundformen, denen er durch unnachahmliche Farbgebungen und Putzoberflächen einen ganz besonderen Charakter verlieh. Oft gestaltete er jede Fläche in einer anderen Farbe und verlieh ihnen dadurch eine bestimmte Materialität. Barragán verwendete Primärfarben – Gelb, Rot und Blau – und Pastelltöne – Fuchsia, Pink, Violett und Braun – in sehr ungewöhnlichen Kombinationen. Die Architektur erlebt innen und außen eine Transformation, mit der die Wahrnehmungen und die Emotionen des Betrachters angesprochen werden. Immer wieder setzte Barragán das Licht als Instrument ein. In seiner Architektur findet man Elemente der mexikanischen Volksarchitektur und der Folklore, der Tradition der Stoffe, der Keramiken und der Bräuche. Bei seinen Projekten passte er seine Details so an, dass sie maximale Wirkung erzielten. Er war detailversessen und verlangte handwerkliche Präzision. Dies lässt sich an Kleinigkeiten ablesen, wie dem verborgenen Oberlicht, über das Licht auf eine Engelsstatue geleitet wird, an den klappbaren unterteilten Jalousien, die das Licht reflektieren, oder an den Decken aus schmalen Holzleisten und den Einbaumöbeln, die zum Bestandteil der Architektur werden. Barragán hat sich außerdem sowohl theoretisch als auch praktisch mit Gartenarchitektur auseinandergesetzt. Sein Werk ist eigenständig, außergewöhnlich und unverwechselbar. Er ist ohne unmittelbaren Nachfolger geblieben.

Unten links
Luis Barragán, Detail der Dachterrasse des Wohnhauses des Architekten, 1948, Mexiko-Stadt

Das Wohnhaus, in dem sich auch Barragáns Büro befand, wurde aus bestehenden Baukörpern und ergänzenden neuen Gebäudeteilen zusammengesetzt. Die Baukörper sind sehr einfach, bekommen jedoch durch den Einsatz von Farbe einen eigenen, besonderen Charakter. Jede Fassadenseite zeigt eine andere Putzfarbe, die jeweils sorgfältig und sensibel auf die anderen abgestimmt ist. Das Foto zeigt die Dachterrasse mit dem Kamin.

Unten rechts
Luis Barragán, Innenraumansicht der Kapelle der Capuchinas Sacramentarias del Purísimo Corazón de María, 1953, Mexiko-Stadt

Barragán war praktizierender Katholik und Angehöriger des Dritten Ordens der Franziskaner. Er interpretierte den Ort des kontemplativen Gebets als kleinen Raum, der von hinten und über die Diagonale belichtet wird. Das Licht wird durch goldene Gitter gefiltert. Auch das Altartuch ist goldfarben.

Luis Barragán, Platz der Torres de Satélite, 1957, Mexiko-Stadt

Fünf Türme, die sich in Größe und Farbe unterscheiden, sind hier nach Plan unregelmäßig platziert. Sie markieren den Horizont der westlichen Ringstraße um Mexiko-Stadt. Dieses Monument setzt ein visuelles Zeichen. Alle Türme haben einen dreieckigen Grundriss, sodass sich der optische Eindruck je nach Standort verändert.

ANDERE ARCHITEKTURTENDENZEN VON 1960 BIS 1980

In der Zeit von 1960 bis 1980 lebten einige große Architektenpersönlichkeiten, deren Wirken sehr prägend war. Sie entwickelten sich unabhängig voneinander und kennzeichnen das Panorama der Zeitphase vor der Globalisierung.

Louis Kahn, Hans Scharoun und James Stirling waren Vertreter von drei sehr unterschiedlichen Architekturauffassungen. Kahn, der eine klassische Architektenausbildung durchlaufen hatte, plante streng geometrische Gebäude und sublimierte sie zu stark abstrahierten Objekten mit teilweise etwas überspannten Formen. Scharoun entwarf als der letzte Vertreter des deutschen Expressionismus sehr differenzierte Baukörper. Stirlings Arbeiten erscheinen sehr unterschiedlich. Er machte sich vor allem mit seinen Hightechgebäuden einen Namen, die meist überwiegend aus Stahl und Glas bestehen. Stirling war der Wegbereiter der Hightecharchitektur. Die Schweizer Architektenlehre der damaligen Zeit folgte wiederum dem Vorbild Le Corbusiers und erweiterte seine Architekturlehre durch innovative Entwürfe. Eine Ausnahme stellt die strenge Tessiner Architekturschule dar.

Der Brutalismus war damals eine übergreifende Architekturtendenz. Er zeichnete sich vor allem durch den Einsatz von naturbelassenen und unverfeinerten Materialien und hier insbesondere durch die Verwendung von Sichtbeton aus. Viele Architekten bedienten sich dieser wohl ersten universalen Architektursprache und zugleich der letzten, die sich traditioneller Bautechniken und -materialien bediente, bevor die Globalisierung einsetzte.

Zu Beginn der 1960er Jahre, als es nicht mehr darum ging, den Bedarf durch Wiederaufbau zu decken, als die Wirtschaft überall boomte, ein unaufhaltsamer Verstädterungsprozess einsetzte und ein unbegrenzter Technikglaube herrschte, kamen allerorts Ideen für Megastrukturen und futuristische Städte auf. Die wichtigsten Befürworter dieser Tendenzen waren die japanische Gruppe der Metabolisten und die englischen Architekten von Archigram, die mit außergewöhnlichen Entwürfen utopische Projekte vorstellten, mit einem neuen Formenrepertoire, neuen Leitbildern und völlig neuen Typologien. Auch wenn keiner dieser Entwürfe je gebaut wurde, so markierten sie doch den Beginn einer Revolution.

Louis Kahn, Gebäude der Nationalversammlung, 1983, Dhaka, Bangladesch

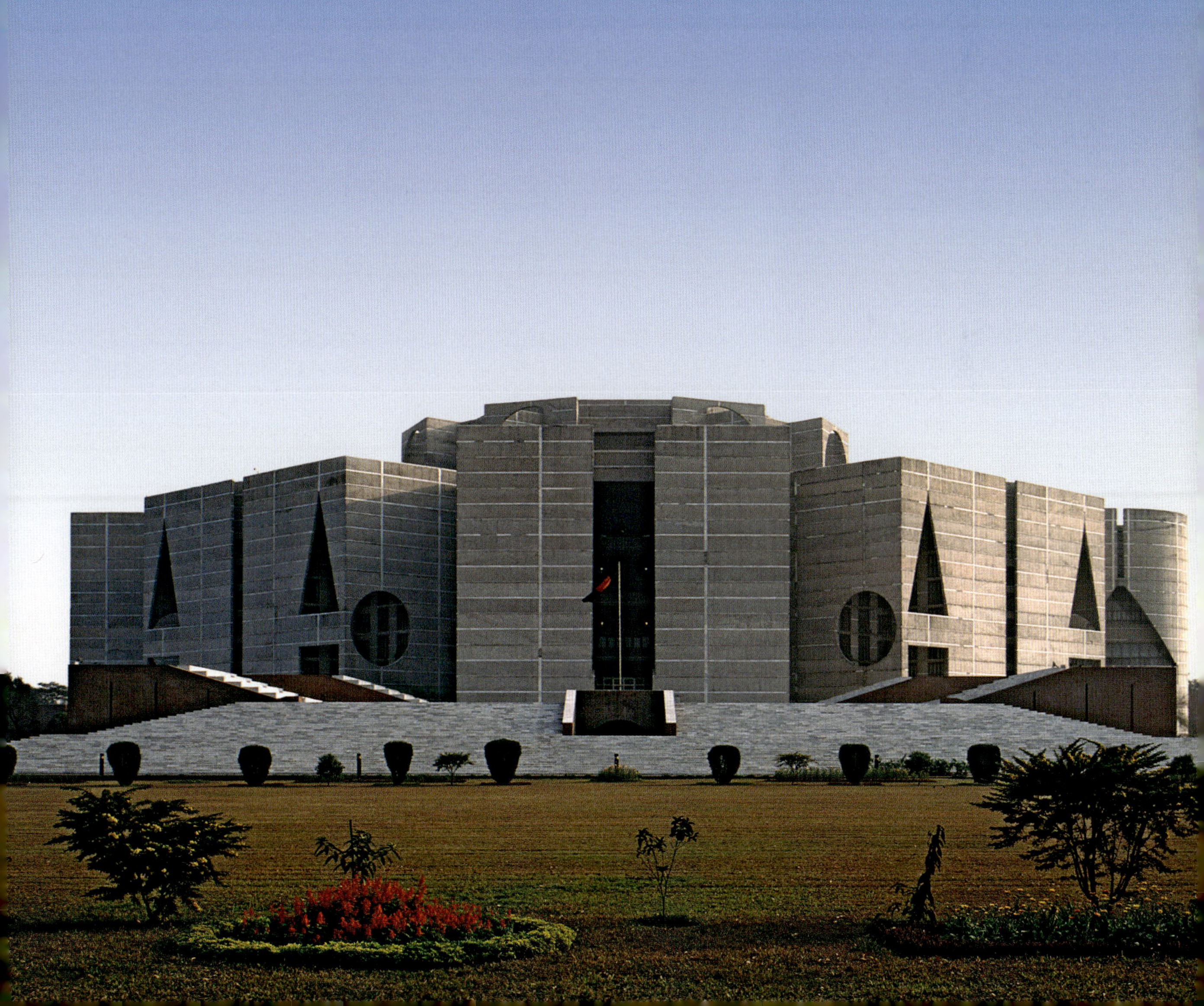

LOUIS KAHN

Louis Kahn (1901–1972) stammte aus Estland und nahm später die amerikanische Staatsbürgerschaft an. Die Poesie seiner Arbeiten ist losgelöst von den Orten, an denen er sie gebaut hat, und wurzelt vor allem in der Geschichte. Kahn nimmt eine Sonderstellung in der zeitgenössischen Architektur ein. Die Bedeutung seiner Werke erkennt man in ihrem Einfluss auf die postmoderne Architektur sowie den Minimalismus. Er studierte in den 1920er Jahren, und seine Arbeiten waren lange Zeit vom International Style der Moderne geprägt.

Nach unterschiedlichen gesammelten Erfahrungen und der Mitarbeit an Projekten, die den Bogen von der Stadtplanung bis zu utopischen Architekturen spannten, fand Louis Kahn seine eigene Architektursprache erst in den 1950er-Jahren. In seinem Architekturbüro kursierten Bücher über die Architektur der ägyptischen, griechischen und römischen Antike, die ihn auf seinen Reisen beeindruckt hatten. Seine Arbeiten zeigen eine große Affinität zu den mächtigen Baukörpern des Pantheons, zu den antiken Theaterbauten, den Kuppeln, Gewölben und großen Apsiden, von denen er sich inspirieren ließ.

Louis Kahn ahmte nie historische Bauformen nach, folgte aber dem gleichen räumlichen Schema. Nach außen sind seine Gebäude streng definiert und im Inneren vielfältig gegliedert. Damit bewies er exzellente fachliche Kompetenzen, die sich allein schon in der Tektonik einiger großer Säle zeigen, die er realisierte.

Während sich die Architektur im Allgemeinen einer neuen Leichtigkeit und Transparenz zuwandte, wirken seine Gebäude schwer und massiv. Es handelt sich um Kompositionen aus geometrischen Grundkörpern mit starken Proportionen und dem Grundriss von Zentralbauten, die in ausgefallener Art und Weise zusammengesetzt sind, mit schrägen Einschnitten, runden, dreieckigen oder

Louis Kahn, Kimbell Art Museum, 1972, Fort Worth, Texas

Dies ist wohl eine der klassischsten Kompositionen Kahns. Ein Modul mit einem Tonnendach wurde wiederholt aneinandergereiht. Die Architekturdetails wirken, als wären sie der römischen Antike entliehen. Die formale Abstraktion wird durch den Zen-Garten akzentuiert.

halbmondförmigen Öffnungen. Die Verbindung von außen nach innen geschieht nicht durch eine räumliche Verbindung, sondern durch den Lichteinfall. Kahns Gebäude sind erdverbunden und oft auch aus irdenen Materialien wie Beton und Klinker erbaut.

Bei jedem Projekt von Louis Kahn stand an erster Stelle die intuitive Formgebung, an die sich die Funktion anpasste. Auf diese Weise gelang ihm mit einem Formenkanon, der zu seinem Signet werden sollte, eine natürliche abstrakte Monumentalität. Kahn suchte seine Entwürfe in all ihrer Plastizität mit zeitgenössischen Mitteln auszuführen. Komplexe Gebäude komponierte er aus gleichen Elementen und betonte so die Kraft der achsialen Wiederholung.

Die Richards Medical Research Laboratories in Philadelphia (1965) werden durch hohe, fensterlose Türme aus Klinkermauerwerk rhythmisiert. Das Salk Institute in La Jolla, Kalifornien (1965), ist aus immer gleichen Elementen komponiert, die sich auf zwei Seiten eines Platzes aneinanderreihen. Der Platz in der Mitte öffnet sich zum Meer. Die Erste Unitarierkirche in Rochester (1965) wird von einer fensterlosen Mauer umschlossen, deren Ziegel plastisch bearbeitet sind. Aus dieser Umfassungsmauer erhebt sich ein symmetrisch gestalteter, höherer Baukörper. Das Indian Institute of Management Ahmedabad (1962), eine Wirtschaftshochschule, und das erst nach seinem Tod fertiggestellte Gebäude der Nationalversammlung von Bangladesch in der Hauptstadt Dhaka (Fertigstellung 1983) sind ebenfalls Beispiele für Architekturen, die wie prächtige, mauerumwehrte und mit Türmchen gekrönte Burgen wirken.

Kahns Fähigkeiten und seinen Erfindungsgeist bei der Entwicklung neuer Konstruktionen erkennt man im Innenraum der Unitarierkirche, beim Theater in Fort Wayne (1973) und im Plenarsaal in Dhaka. Hierbei handelt es sich um Arbeiten von großer Kontinuität und einem starken figurativen Symbolgehalt, der darauf zurückzuführen ist, dass sich Kahn intensiv mit einfachen und absoluten Formen auseinandersetzte.

Oben links
Louis Kahn, Richards Medical Research Laboratories, 1965, Philadelphia, Pennsylvania

In Philadelphia plante Kahn ein komplexes Gebäude mit Büroräumen und Labors, das die ganze Poesie seiner Architektursprache zeigt. Die fensterlosen Klinkertürme sind eindeutig von den Türmen der toskanischen Stadt San Gimignano beeinflusst und hinterlassen einen starken Eindruck.

Oben rechts
Louis Kahn, der zentrale Hof des Salk Instituts, 1965, La Jolla, Kalifornien

Der Raum zwischen den aneinandergereihten Baukörpern, die sich wie diagonal angeordnete Theaterkulissen aufbauen, ist ein metaphysischer Platz, der sich zum Meer hin öffnet und von einem kleinen Wasserlauf durchzogen wird. In der modernen Architektur gehört er zu den Räumen mit der größten figurativen Kraft.

HANS SCHAROUN

Hans Scharoun (1893–1972) verbrachte die Jahre während des Zweiten Weltkriegs in Deutschland, während viele seiner Freunde und Kollegen ins Ausland gingen. Da er auf seine Berufstätigkeit größtenteils verzichten musste, malte er Hunderte von Aquarellen mit Architekturfantasien, so wie es vor ihm Erich Mendelsohn während des Ersten Weltkriegs getan hatte. Sein Nachkriegsschaffen ist von einem organischen Expressionismus geprägt, eine folgerichtige Weiterentwicklung seiner Architektentätigkeit als junger Mann. Mit seinem Stil nimmt er eine Sonderstellung in der zeitgenössischen Architektur ein. Sein Entwurfskriterium bestand darin, das Gebäude in seine kleinsten Komponenten aufzulösen – Schulen in Klassenzimmer, Wohnhäuser in Wohnungen – und jeder Komponente eine eigene Gestalt zu geben. Er arbeitete nicht mit Formen, die auf der euklidischen Geometrie basierten, also Quadraten und Rechtecken. Seine Formen entstanden aus der Funktion, orientiert an den Himmelsrichtungen und manchmal – so möchte man vermuten – allein aus einer formalen Lust heraus. Scharoun hatte eine Vorliebe für Gebäude mit unregelmäßigen Konturen. Er liebte Fünf- und Sechsecke, Diagonalen, geneigte Flächen und suchte immer nach Überraschungseffekten. Sein 1951 entstandener Entwurf für eine Schule in Darmstadt (nicht realisiert), das Geschwister-Scholl-Gymnasium in Lünen (1962) und die Volksschule in Marl (1971) entwickelten sich entlang einer markanten Längsachse, an die einzelne Baukörper wie Zellen angedockt und ihrerseits durch lange Korridore verbunden sind. Durch die unterschiedliche Orientierung und die Komplexität der Baukörper entwickelt sich jedes Gebäude zu einem dorfartigen Konglomerat. Die Hochhausgruppe Romeo und Julia in Stuttgart (1959) besteht aus zwei Gebäuden. Julia ist als gezahnter Ring mit einem fünfeckigen Grundriss gestaltet, die dreieckigen Balkone sind jeweils an den Spitzen des Fünfecks platziert. Scharoun bemühte sich stets um neue Formgebungen, die bei den Kritikern nicht immer auf Gegenliebe stießen. Die Berliner Philharmonie (1963) fand jedoch uneingeschränkte Anerkennung und gilt als Scharouns Meisterwerk. Das Gebäude weist einen unregelmäßigen sechseckigen Grundriss auf. Das Orchester befindet sich in der Mitte und das Publikum sitzt auf mehreren ansteigenden Logenterrassen, die fächerförmig um die zentrale Bühne angeordnet sind. Die Zerlegung in einzelne Teile und die organische Neuzusammenfügung findet in diesem Fall im Gebäudeinneren statt. Jahre später lieferte Scharoun auch Entwürfe für den kleineren Kammermusiksaal neben der Philharmonie und die Staatsbibliothek der Stiftung Preußischer Kulturbesitz (1978), deren Grundriss ein lang gestrecktes Fünfeck darstellt. Der geschlossene Baukörper ist mehr als 200 Meter lang. Mit diesen Gebäuden wurde das Kulturforum in Berlin fertiggestellt.

▶ **Hans Scharoun, Innenraumansicht und Fassade der Philharmonie, 1963, Berlin**

Mit dem Bau der Philharmonie wurde die Typologie der Konzertsäle erneuert, weil Scharoun das Orchester in die Mitte des Saales platzierte, anstatt es, wie üblich, dem Publikum gegenüber anzuordnen. Die Konzertbesucher sitzen auf ansteigenden Logenterrassen, die sich um das Orchester scharen. Dem großen Zuschauerraum ist ein Atrium auf mehreren Ebenen vorgelagert, das von Treppen und Rängen durchzogen wird. Von außen wirkt der Baukörper kompakt. Das Satteldach hängt wie eine Zeltplane ein wenig durch. Die Fassaden sind mit goldeloxierten Aluminiumplatten verkleidet.

Hans Scharoun, Stadttheater, 1973, Wolfsburg, Deutschland

Das Projekt gewann 1965 den ersten Preis eines Wettbewerbs, die Planung zog sich daraufhin in die Länge. Die präzise entworfenen Baukörper folgen dem Geländeverlauf. Am Rand der langen Strecke vom Eingang bis zur Treppe, die zu dem fünfeckigen Saal – dem einzigen hohen Baukörper des Ensembles – führt, befinden sich Garderobe und Bar, die wie Kulissen in unterschiedliche Richtungen orientiert sind.

JAMES STIRLING

James Stirling (1926–1992) war aufgrund seiner breit gefächerten Produktivität, seiner vielfältigen historischen Bezüge, seines unermüdlichen Bestrebens und der Fähigkeit im Umgang und in der Gestaltung von Formen eine ausgesprochen komplexe Figur in der Architektur. Er unterschied sich von der Moderne durch eine Architektur der festen und konkreten Baukörper, die in der britischen Tradition wurzelt. Gleichzeitig verfolgte er aufmerksam die utopischen Entwürfe von Archigram (siehe S. 114). Bemerkenswerterweise bezog er bei seinen Gebäudeplanungen vorhandene Freiräume mit ein, sodass sie einen Innenhof oder einen Platz mit einer konkaven Fassade umschließen und sich nach außen mit einer Rückfront darstellen. Seine Architektur war vom Brutalismus geprägt, wie die Wohnanlage in Runcorn New Town (1967–1976) und das Studentenwohnheim der Universität St. Andrews (1964–1968). Stirling plante große Gebäude mit Tonnendächern und Glasfronten zu den umschlossenen Freiräumen, Gebäude mit fantastischen halbrunden Plätzen wie für das Civic Centre in Derby (1970), das Kunstzentrum der Universität St. Andrews (1971) und die Unternehmenszentrale der Bayer Crop Science in Monheim (1978).

Stirling gilt als Pionier der Hightecharchitektur. Er präsentierte Bauwerke wie Maschinen, sah sie als technologische Komplexe und entwickelte ein ausgesuchtes Design. Er machte die Konstruktion und technischen Einrichtungen sichtbar, so als würde man einen verborgenen inneren Mechanismus aufdecken. Dadurch wurde das Gebäude zu einem faszinierenden Bild der Gegenwart. Als grundlegend für die Hightecharchitektur gelten seine Entwürfe für das Verwaltungs- und Geschäftszentrum in Florenz (1976), für die Hauptverwaltungen von Olivetti in Milton Keynes, Großbritannien (1971), und Siemens in München (1969) sowie für die Dorman Long Steel in Middlesbrough, Großbritannien (1965).

Seine bedeutendsten Arbeiten stellen drei Universitätsgebäude dar: das Florey Building des Queen's College in Oxford (1971), die Fakultät für Ingenieurswesen der Universität Leicester (1959) und die Bibliothek der Historischen Fakultät in Cambridge (1964). Die genannten Gebäude sind alle in einer gewissen Weise konkav gerundet, zum Teil sind es geschlossene Klinkerfassaden, die sich mit offenen, verglasten Flächen abwechseln. Stirling arbeitete mit kleinen Modulen, getreppten, frei stehenden Baukörpern – zum Beispiel Türme – und immer mit einer strengen Entwurfsgeometrie. Ende der 1970er Jahre wandte er sich mehr der Postmoderne zu, arbeitete ihre Geschichte und Kultur auf und wurde in der Folgezeit zum Hauptvertreter dieser Architekturströmung.

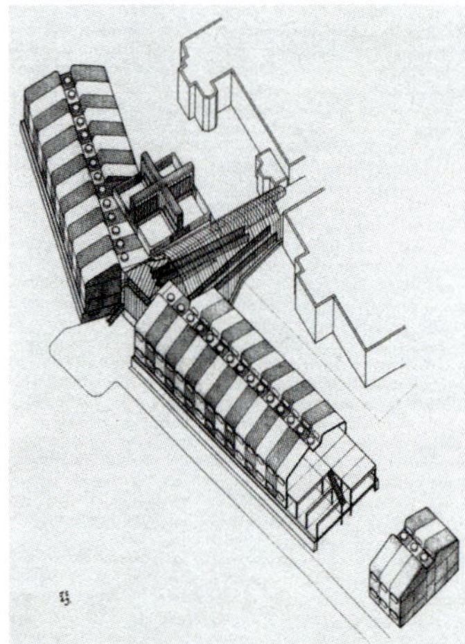

James Stirling, Entwurf für das Schulungsgebäude der Olivetti, 1969, Haslemere, Vereinigtes Königreich

Bei diesem Projekt handelt es sich um die Erweiterung des Schulungsgebäudes der Olivetti in Haslemere. Stirling sah zwei Flügel mit Unterrichtsräumen und zweifarbige Kunststoff-Fertigteilelemente als deren Überdachung vor.

James Stirling, Außenansicht der Bibliothek, 1964, Cambridge, Vereinigtes Königreich

Dieses Gebäude ist aufgrund seiner ausgefallenen Form das wohl bedeutendste Bauwerk von Stirling: ein hoher, L-förmiger, konkav gebogener Baukörper, aus dessen Mitte eine Halbpyramide emporsteigt. Die kleinteiligen Fassaden sind abwechselnd aus rotem Klinker – gemäß der englischen Bautradition – und aus Glas. Hier finden Kreativität und Funktionalität zu einer beeindruckenden Synthese.

James Stirling, Innenraumansicht der Bibliothek, 1964, Cambridge, Vereinigtes Königreich

Der zentrale Freiraum dient als überdachte Piazza und Lesesaal. Die Büroräume mit ihren Erkerfenstern sind auf diesen großen, zentralen Raum orientiert. Die strahlenförmig angeordneten Bücherregale befinden sich in den beiden unteren Geschossen, sodass man einen Blickbezug nach außen hat. Dies ist einer der schönsten Innenräume der zeitgenössischen Architektur. Die aufgrund der Funktion verlangte Stille macht den Raum beinahe zu einem magischen Ort.

DER BRUTALISMUS

Der Brutalismus war die Architektursprache, welche die Baumaterialien und die Konstruktion eines Gebäudes sichtbar ließ. Der Ursprung dieses Wortes ist nicht ganz geklärt und wahrscheinlich vielschichtig. In den 1950er Jahren prägten das Architektenehepaar Alison und Peter Smithson in England den Begriff »New-Brutalism«, wohl um einen Gegensatz zum »New Empirism« herzustellen. Sie wollten belegen, dass Architektur zuallererst eine Frage der Ethik und nicht der Ästhetik ist und dass sie zwischen der Einfachheit des Bauens und dem sozialen Engagement anzusiedeln ist. Diesem Ansatz folgten viele junge Architekten, mit ganz unterschiedlichen Ergebnissen in der Praxis. Die Maisons Jaoul, die Le Corbusier 1955 in Paris mit Sichtmauerwerk, Betonbögen und schwer auf dem Boden auflagernden Baukörpern realierte, werden als brutalistische Arbeiten verstanden. Damit hatte sich Le Corbusier ziemlich weit von seinen »Fünf Punkten einer neuen Architektur« entfernt. Diese Wohnhäuser wurden bald von James Stirling und James Gowan mit der Wohnbebauung in Ham Common (1955) und in Preston (1957) nachgeahmt. Es war Le Corbusier selbst, der bei der Beschreibung seiner Unité d'Habitation äußerte, sie sei aus »Béton brut«, und den Terminus so in Umlauf brachte. Er wandte ihn auf alle Bauwerke an, die in unbearbeitetem Sichtbeton ausgeführt wurden und deren Oberflächen den Kriterien in Bezug auf den Einsatz der Materialien entsprachen. Der Begriff »Brutalismus« verlor alle anderen Bedeutungen und wurde nun ausschließlich zur Definition von Bauwerken aus Sichtbeton verwendet. Dank des weltweiten Einflusses von Le Corbusier verbreitete sich der Terminus rasch. Von England, wo Denys Lasdun (1914–2001) die interessantesten Arbeiten vorlegte, bis nach Japan, wo Kunio Maekawa und Kenzo Tange dem Beton Formen gaben, die sich im Spannungsfeld der Architektur von Le Corbusier und historischen Archety-

Paul Rudolph, Kunst- und Architekturgebäude der Universität Yale, 1963, New Haven, Connecticut

Alle Gebäude, die Paul Rudolph innerhalb von wenigen Jahren in New Haven realisierte, waren Sichtbetonbauten – sowohl die Wohngebäude als auch sein Parkhaus. Dieses Gebäude mit einem sehr komplexen Gleichgewicht der Baukörper ist zum Manifest des amerikanischen Brutalismus geworden. In den Beton sind Riefen eingegraben, um den Eindruck zu verstärken, dass das Material unbearbeitet ist.

pen bewegte. In Italien waren die Vertreter des Brutalismus Vittoriano Viganò und die Florentiner Schule mit Leonardo Savioli, Ricci und Giovanni Michellucci, in Brasilien war es Oscar Niemeyer und in den Vereinigten Staaten Paul Rudolph (1918–1997). Zum Kanon gehört auch das fantastische Bostoner Rathaus (1972) von G.M. Kallmann, N.M. McKinnelly und E.F. Knowces. Es handelt sich um sehr unterschiedliche Arbeiten, bei denen die plastischen Möglichkeiten und die konstruktiven Potenziale des Betons eine Verbindung eingehen. Beispiele sind die Torbauten von Rudolph und die expressionistischen Formen der Florentiner Architekten, die freien Formen eines Oscar Niemeyers und Félix Candelas und die Gestaltungen Tadao Andos, der Sichtbeton als schmuckloses Material für seine minimalistische Architektur einsetzt.

Denys Lasdun, Royal National Theatre, 1973, London

Die Lage am Südufer der Themse legte es nahe, hier ein Bauwerk mit langen, parallel zum Ufer verlaufenden, übereinandergelagerten Terrassen zu planen. Aus der Mitte steigt als Kontrast dazu der fensterlose Baukörper des Bühnenhauses empor. Dieses Gebäude aus unbearbeitetem Sichtbeton ist das vollkommenste Beispiel für die Architektur des Brutalismus, der in England entstand und hier seine höchste Entwicklung erfahren hat.

DIE WOLKENKRATZER IN DEN VEREINIGTEN STAATEN

Zwischen 1950 und 1980 arbeiteten in den Vereinigten Staaten große, unabhängige Architektenpersönlichkeiten wie Frank Lloyd Wright und Louis Kahn, aus Deutschland eingewanderte Baumeister und Architekten unterschiedlichster Schulen wie dem Brutalismus oder der Postmoderne.

Der Wolkenkratzer ist geradezu ein Synonym für die amerikanische Architektur. Hochhäuser bilden städtebauliche Komplexe mit Verwaltungs- und Geschäftsgebäuden sowie Wohnhochhäusern, sie prägen die amerikanischen Innenstädte und wirken wie Zitadellen. Wolkenkratzer sind und waren das wichtigste Thema bei der Stadtplanung. Agglomerate von Wolkenkratzern stellen das repräsentative Bild einer Stadt dar. Dank großzügiger Bauvorschriften konzentrieren sich hier in größter Verdichtung Sachverstand und Funktionen. Innerhalb von wenigen Jahrzehnten entstanden Hunderte Wolkenkratzer. Mies van der Rohe hat hinsichtlich der Proportionen, der Komponenten und der Lösungsvorschläge für die Winkel wichtige Vorbilder geliefert. In der Regel sind Wolkenkratzer Kuben aus Stahl und Glas mit einem einzigen Fassadenmodul, das unzählige Male wiederholt wird. Die Versuche einer dekorativen Gestaltung enden entweder im Kitsch oder sind schlicht lächerlich. Das Architekturbüro Harrison & Abramovitz entschied sich beim Bau der 1953 fertiggestellten Hauptverwaltung der ALCOA in Pittsburgh für das Ausreizen des kleinen Moduls. Die gesamte Fassade ist mit Aluminiumpaneelen in Prismenform verkleidet, aus denen kleine Fensteröffnungen geschnitten sind. Das Büro war außerdem mit der Bauleitung für das UNO-Gebäude (1950) betraut, an deren Konzeption auch Le Corbusier beteiligt war. Über die Planung entschied später eine internationale Architektenkommission, der unter anderem Oscar Niemeyer angehörte. Das weltweit bedeutendste Büro für die Planung von Wolkenkratzern ist immer noch SOM – Skidmore, Owings and Merrill. Es wurde 1936 gegründet und unter-

Unten links
Harrison & Abramowitz, Hauptverwaltung der ALCOA, 1951, Pittsburgh, Pennsylvania
Die Konzeption der beiden Architekten sah vor, die Fassaden der Wolkenkratzer mit kleinen Moduln zu verkleiden, um damit die Oberflächen kompakter wirken zu lassen und den Baukörper klarer zu definieren.

Unten rechts
SOM, Lever House, 1951–1952, New York
Dies ist das erste bedeutende Gebäude des Büros SOM – Skidmore, Owings and Merrill – in New York, das von Gordon Bunshaft geplant wurde. Aus einem niedrigeren Baukörper, der das gesamte Grundstück einnimmt, erhebt sich auf allen Seiten frei stehend ein quaderförmiger, 18 Geschosse hoher Baukörper mit ausgewogenen Proportionen. Das Gebäude wurde nach traditioneller Bautechnik mit einer Metall- und Glasfassade errichtet.

▶ **SOM, John Hancock Tower, 1969, Chicago, Illinois**
Das Planungsbüro SOM ist weltweit das bedeutendste Büro hinsichtlich der Anzahl realisierter Projekte, aber auch, weil es beispielhaft an der Erforschung neuer Konstruktionstechniken arbeitet. Dies ist das erste Gebäude, bei dem diagonal verlaufende Tragwerkelemente in der Fassade eingebaut sind, um die Windkräfte besser aufnehmen zu können.

hält in vielen Städten Dependancen. Für jedes Projekt von SOM ist ein anderer Projektleiter zuständig. Gegenüber dem Seagram Building von Mies van der Rohe steht das von Gordon Bunshaft von SOM entworfene Lever House (1951–1952). Es ist mit seinen nur 18 Geschossen eines der elegantesten Gebäude in New York. Formal gesehen war dieses Bauwerk nicht innovativ, hatte jedoch einen freien Grundriss. Die Größe des Büros SOM machte es möglich, Untersuchungen und Experimente durchzuführen, aufgrund derer man neue Konstruktionsweisen entwickeln konnte – insbesondere mit diagonal über die Fassade geführten Trägern wie beim John Hancock Tower in Chicago (1969). Ein besonderer Bautypus wurde von Kevin Roche und John Dinkeloo für die Ford Foundation in New York (1968) entwickelt: ein Gebäude mit quadratischem Grundriss, zwei Seiten sind L-förmig, die beiden anderen sind vollständig verglast und umschließen einen Innenhof, der gleichzeitig Wintergarten ist. Er dient nicht nur als Teil der Klimaanlage, sondern hat auch einen starken Symbolcharakter. In einer zubetonierten Stadt öffnen sich hier die Büros zu einem Garten. Die L-Form wiederholten die Architekten bei den Drillingstürmen in Indianapolis (1973): Gegen zwei geschlossene Mauerscheiben lehnen sich zwei verglaste schräge Fassaden und verleihen den Gebäuden so eine Pyramidengestalt. Erst nach 1980 verloren die Wolkenkratzer ihre ursprünglich typische Schachtelgestalt und wurden vielgestaltig.

UTOPIEN UND MEGASTRUKTUREN

Ende der 1950er Jahre herrschte eine allgemeine Zukunftsgläubigkeit. Die in einigen Staaten notwendige Wiederaufbautätigkeit nach dem Krieg war beendet und die Expansion der Städte nahm zu, ebenso die unaufhaltsame Verstädterung der Bevölkerung. Fortschritte in der Technik ermöglichten es, neue Wege einzuschlagen. Das waren die Grundbedingungen dafür, dass innovative Projekte für Megastrukturen entstehen konnten oder ganze Stadtteile so geplant wurden, als wären sie ein einziges, grenzenloses System aus Bauwerken – man nannte das auch »dreidimensionale Stadtplanung«. Große Tragwerkstrukturen sollten vom Gelände losgelöste Konstruktionen tragen, die hinsichtlich Form, Typologie, Technik und Dimension ein völlig neues Bild von Stadt darstellen. So wollte man neue Quartiere an den Stadträndern oder ganz neue Städte gründen. Auch wenn hinter diesen Entwürfen der Wunsch nach Avantgarde stand, handelte es sich doch um Architekturutopien, die nicht realisierbar waren. Ihre besondere Botschaft bestand vielleicht in erster Linie in der Art der grafischen Darstellung, in dem überraschenden Ideenreichtum und der programmatischen Ausarbeitung. Diese Baukomplexe sollten die Städte ersetzen oder überlagern, zu urbanen Zeichen, zu Landmarks werden; sie sollten die Stadt der Zukunft verkörpern.

Die eindrucksvollen, frühen Wurzeln all dieser Konzeptionen findet man in den 50 Jahre zuvor entstandenen Entwürfen der Futuristen Antonio Sant'Elia und Mario Chiattone. Die Bezüge neueren Datums sind die Unités d'Habitation von Le Corbusier, der den Typus des Mehrfamilienwohnhauses erneuerte, indem er riesige Gebäude für 1600 Bewohner plante – so viele Menschen, wie sie früher eine Dorfgemeinschaft umfasste. Seine Unités sind ebenfalls vom Boden abgehoben und verfügen über Gemeinschaftseinrichtungen, sind in ihren Dimensionen jedoch immer noch realisierbar. Der Deutsche Konrad Wachsmann (1901–1980), der in die USA emigriert war, und der Amerikaner Richard Buckminster Fuller (1899–1983) planten netzartige Metallkonstruktionen aus Fertigteilen, mit denen sich große, flache Überdachungen oder geodätische Kuppeln realisieren lassen. Eine Kuppel mit einem Durchmesser von 3,5 Kilometern sollte beispielsweise einen Teil von Manhattan überdachen und es in eine Idealstadt umwandeln, ohne die Möglichkeit zur Umweltverschmutzung und mit programmierbarem Klima. Der aus

Frei Otto, Gesamtansicht (unten) und Detail (▶ oben) der Dachlandschaft der Hauptsportstätten auf dem Olympiagelände in München, 1972

Der Architekt befasste sich intensiv mit Seilnetzkonstruktionen mit Stützpfeilern und Zeltdächern, die von Seilen gespannt werden und mit denen ganze Bereiche einer Stadt überdacht werden sollten. Er konnte einige Beispiele realisieren, unter anderem das berühmte Dach des Olympiastadions in München. Es entwickelte sich zu einem Modellbeispiel für viele ähnliche Projekte, auch wenn diese in einem weitaus kleineren Maßstab realisiert wurden.

▶ Richard Buckminster Fuller, Amerikanischer Pavillon auf der Expo in Montreal, Kanada, 1967

Der Architekt arbeitete mit räumlichen Netzstrukturen aus Stahl und plante eine große, als Kugelsegment konzipierte Kuppel. Man konnte diesen Prototyp in unterschiedlichen Größen reproduzieren und ihm vielfältige Funktionen zuweisen. Er konnte abgebaut und an einem anderen Ort wieder aufgebaut werden. Diese bautechnisch innovative Konstruktion eröffnet viele Einsatzmöglichkeiten und erfüllt in idealer Weise die besonderen Ansprüche temporärer Bauten.

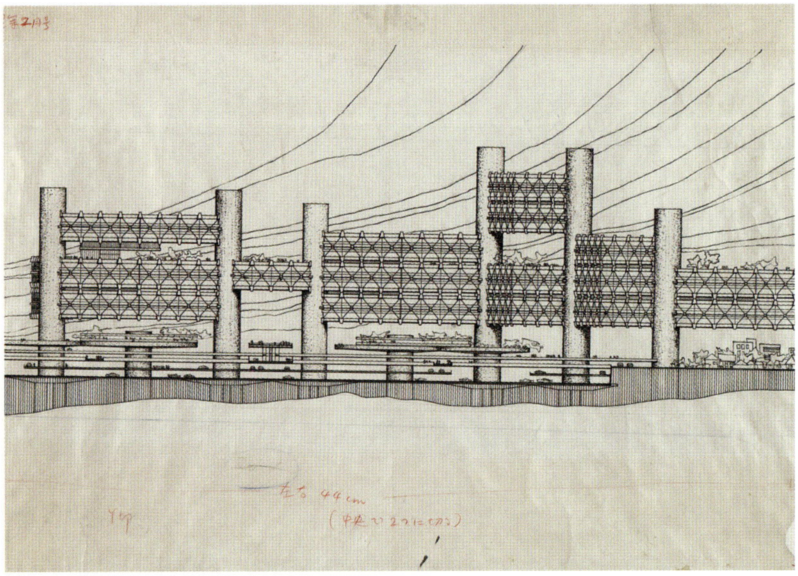

Arata Isozaki, Projekt für eine Stadt mit Brückenbauten, 1960
Diese Megastruktur ist nur zum Teil dem Bereich der utopischen Architektur zuzurechnen. Große, kreisrunde Stützen tragen die Brückenbauten. Es handelt sich um eine innovative Architektur, die vom Gelände abgehoben über einer bestehenden Stadtstruktur gebaut werden sollte. Die Stützen sind reine Form, wohingegen man bei den Brücken die Tragwerkkonstruktion an den Fassaden ablesen kann, wie von der Planung beabsichtigt. Dieser Typus ist unendlich wiederholbar.

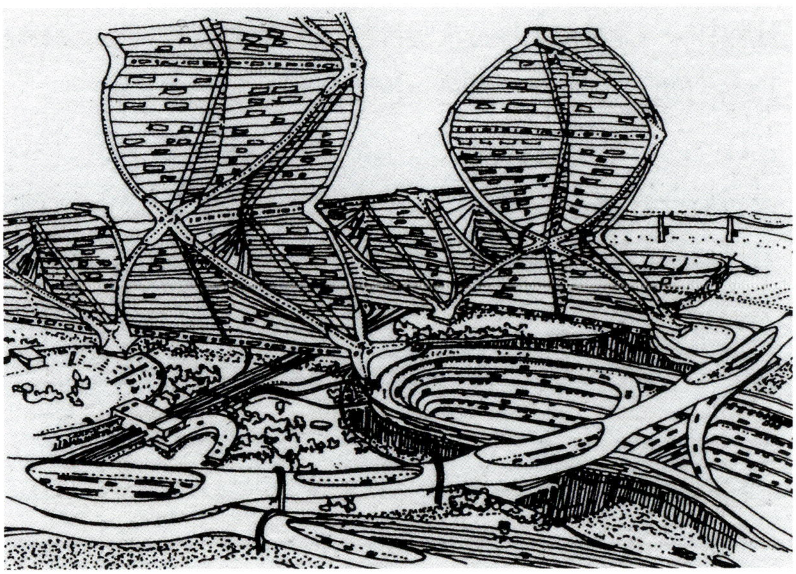

Kisho Kurokawa, Entwurf der Helixstadt, 1961
Kurokawa gehörte der Gruppe der Metabolisten an, die sich 1960 in Tokio konstituierte und Anregungen für die Schaffung neuer, utopischer Architekturformen einer avantgardistischen Architektur boten. Sie fügten ihre Entwürfe nicht in den bestehenden städtebaulichen Kontext ein, so wie diese Wolkenkratzer in Helixgestalt mit ihren Fertigteil-Wohnkapseln

Ungarn stammende, 1923 geborene Yona Friedman plante eine horizontale Stadt, vollständig aufgeständert, auf hohen Pfeilern ruhend und die historische Stadt überspannend. Der 1926 geborene Franzose Paul Maymont entwarf nach einem Studienaufenthalt in Japan (1959) schwimmende runde Inseln, die im Schnitt parabolisch wie eine Pagode gestaltet sind und mehrere Tausend Einwohner beherbergen sollten. Der 1925 geborene deutsche Architekt Frei Otto entwickelte innovative Zeltdachkonstruktionen, die von miteinander verbundenen Stützen und Seilen getragen werden und ganze Stadtteile mit einer stark bewegten hügeligen Dachlandschaft überdecken können. Die wenigen realisierten Entwürfe wurden alle in einem sehr viel kleineren Maßstab umgesetzt. Buckminster Fuller baute Kuppeln für Sportstätten und Ausstellungsgebäude, Frei Otto plante die Überdachung der Olympischen Sportstätten in München 1972. In den USA legte der Italo-Amerikaner Paolo Soleri (geb. 1919) seine Stadtutopie Mesa City (1960) vor. Die Gebäude der Stadt waren als umgekehrte Koni in organisch-expressionistischen Formen geplant. Im Jahr 1970 gründete Frei Otto die Stadt Arcosanti, eine ökologische Stadt in der Wüste von Arizona, an der immer noch gebaut wird. Der Pole Jan Lubicz-Nycz plante für San Francisco (1961–1962) hohe, stark figurative Gebäude, die im Profil eine Halbparabel beschreiben. Für die Stadterweiterung von Tel Aviv (1963) schlug er unter anderem bogenförmige Gebäude vor, die sich in der Höhe konvex krümmen. 1960 präsentierte eine Gruppe von fünf jungen Architekten, darunter Fumihiko Maki (geb. 1928), Kiyonori Kikutake (geb. 1928) und Kisho Kurokawa (1934–2007), in Tokio die Bewegung des Metabolismus. Ihre Architektur besteht in Gebäuden aus Wohnzellen, die wie Schachteln mit einer Primärkonstruktion verbunden und entweder zylindrisch, spiralförmig oder als Brückenkonstruktion ausgebildet sind. Einige Gebäude waren auch als schwimmende Inseln konzipiert. Man spürt bei allen Entwürfen den Wunsch, avantgardistisch und zukunftsorientiert zu sein. Daneben steht das Bemühen, in der Tradition des Shintoismus eine Synthese zwischen der Geschichte und der Utopie herzustellen. Die Architekten der Metabolismusbewegung, die alle sehr schnell in ihren Beruf eingestiegen waren, zeichneten sich durch von ihrer Jugend geprägte Utopien aus, zugleich stellten sie auch einige wichtige Bezüge her. Kisho Kurokawa realisierte mit seinem Capsule Tower in Nakagin (1972) ein Gebäude aus Fertigteil-Wohnkapseln, Kiyonori Kikutake baute 1994 das Hotel Sofitel in Tokio, das aus übereinandergestapelten, trapezoidalen Moduln aufbaut. Dass Kurokawa bedeutende Bauwerke realisierte und dabei unterschiedliche Architektursprachen beherrschte, zeigt die Hauptverwaltung der Wacoal Kojimachi in Tokio (1984). Die von ihm verwendeten Formen scheinen die Monster japanischer Mangas darzustellen, die Kiyonori Kikutake für das Edo-Tokio-Museum (1993) gezeichnet hat. Andere Bauwerke haben dramatisch zersplitterte Baukörper, wie das Mehrzweckgebäude in Sendai (1989) von Hiroshi Hara und das Azabu »Edge« in Tokio (1997) von Ryoji Suzuki. Das Nibakan-Gebäude aus dem Jahr 1970 von Minoru Takeyama ist eine Komposition mit figurativen Verweisen auf die abstrakte Malerei. Im Bereich des Figurativen entstanden damals zahlreiche an Maschinen erinnernde Gebäude, etwa das Hotel Royal in Osaka (1965), an dem mehrere Architekten gearbeitet haben und das zu einem Wahrzeichen der Stadt

Moshe Safdie, Habitat 67, 1967, Montreal, Kanada

Der Architekt plante anlässlich der Expo einen Wohnhauskomplex, bei dem mehr als 300 Wohnkapseln so angeordnet waren, dass jede eine eigenständige und individuelle Zelle in dieser Megastruktur darstellt. Er fügte die Wohnkapseln mit großem Geschick zu einem pyramidenähnlichen Baukörper zusammen und verband sie auf unterschiedlichen Ebenen mit Korridoren, Straßen und Brücken. Es ist offensichtlich, dass bei der Planung für die internen Erschließungswege die Unités d'Habitation von Le Corbusier Pate gestanden haben, ebenso wie der Gedanke der großen Wohnmaschine und die Verwendung von Sichtbeton. Zur Expo wurde nur ein Zehntel der ursprünglich geplanten Megastruktur ausgeführt.

Archigram, Detail des Projekts Walking City, 1964

Walking City beschreibt eine Stadt, die aus mobilen Teilen besteht, die robotergesteuert veränderbar sind und auch von einer Bevölkerung bewohnt werden kann, die ein Nomadenleben führt. Der Entwurf nimmt Gestaltungsformen aus der Militärarchitektur, aus Laborgeräten und auch des Atomiums in Brüssel auf.

geworden ist. Angesichts einer so komplexen Vielfalt entwickelte sich eine einzigartige minimalistische Architekturlehre, die unter den zeitgenössischen Architekturtendenzen eine besondere poetische Ausprägung hatte.

Auch bei der Architektur der Megastrukturen gab es einige bemerkenswerte Realisierungen. Zuerst sei das Wohnprojekt Habitat 67 des 1938 geborenen israelischen Architekten Moshe Safdie genannt, das anlässlich der Expo in Montreal (1967) gebaut wurde: ein Wohnkomplex, dessen Grundmodul eine Musterwohnungseinheit mit kleiner Gartenterrasse darstellt, die in lockeren Gruppen zu einer Art Pyramidenform gestapelt sind. Alles ist stark gegliedert, sodass die Privatsphäre trotz der Vielzahl von Wohnungseinheiten gewahrt bleibt. Verbunden werden die Wohnungen durch Zugangskorridore. Dieses Gebäude stellt in seiner gesamten architektonischen Konzeption und mit einem aufgelösten Baukörper eine Weiterentwicklung der Unités d'Habitation von Le Corbusier dar. In Habitat 67 gibt es etwa 300 Wohnungen, doch die Anlage war eigentlich zehnmal größer geplant. Das zweite bemerkenswerte Beispiel ist das Verwaltungs- und Geschäftszentrum von Cumbernauld in Schottland. Es entstand in den 1960er Jahren unter Beteiligung mehrerer Architekten. Hier wurde das Konzept der von Gebäuden umgebenden Piazza umgekehrt. Eine einzige riesige Megastruktur beinhaltet eine Vielzahl von Funktionen, wie Kindergarten, Bibliothek, Ladengeschäfte und öffentliche Verwaltungen. Das Gebäude entwickelt sich linear oberhalb der Hauptstraße und der Parkplätze. Es ist getreppt und wird von innen- und außenliegenden Fußwegen durchquert.

1964 konstituierte sich in London eine Gruppe von sechs Architekten mit dem Namen Archigram – eine Wortverbindung von Architektur und Telegramm,

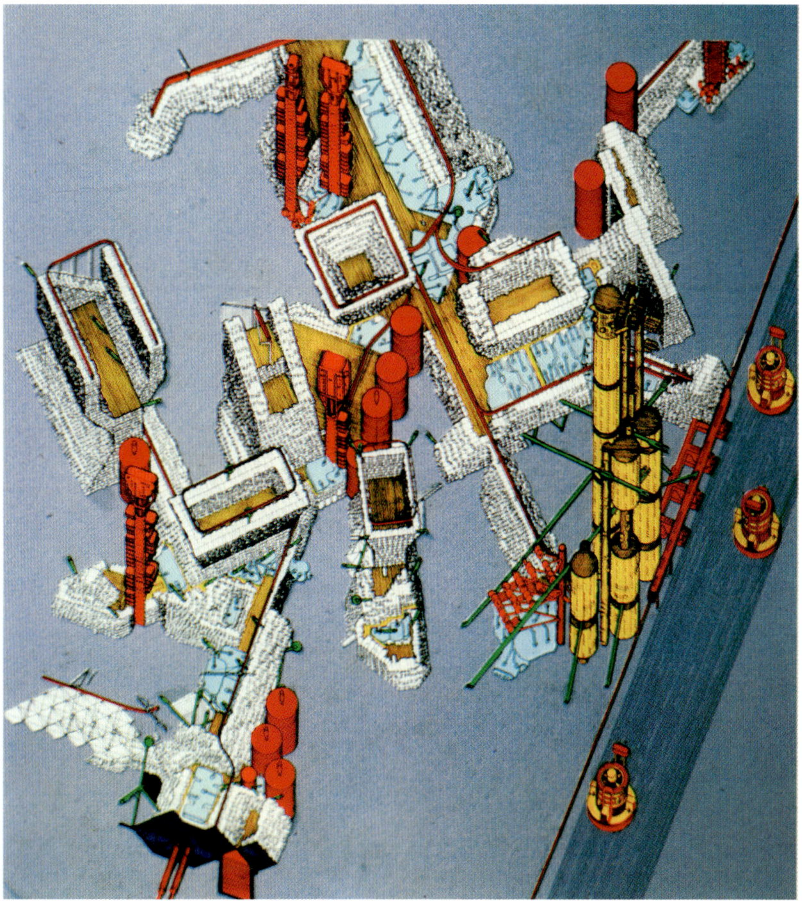

Archigram, Projekt Plug-In City, 1964

Bei Archigram arbeitete man an Projekten, die man als Synthese von Megastrukturen und Utopia bezeichnen kann. Sie sollten Alternativen zu den historisch gewachsenen Städten darstellen: als komplexe, dicht besiedelte und sorgfältig ausgearbeitete Maschinen, deren Formen Bezug auf die Technik nehmen, auf die Welt der Computer, auf Raumfahrtprojekte und die Pop-Art.
Die großen Konstruktionen sind fest, wohingegen die Wohnkapseln angekoppelt sind, eingesteckt wie die Stecker in eine Steckdose. Damit sind sie austauschbar, veranderbar oder auch ersetzbar, weil man sie für veraltet hält. Die Formgebung der Gebäude war absolut innovativ und von großer gestalterischer Qualität. Archigram hat mit seinen Entwürfen entscheidenden Einfluss auf die Hightecharchitektur genommen.

dem damals schnellsten Kommunikationsmedium. Die Gruppe entwickelte innerhalb weniger Jahre utopische Stadtplanungen mit programmatischen Namen, wie Plug-In City, bei der die Wohnkapseln an ein Trägersystem angedockt werden – so wie ein Stecker (plug) in die Steckdose gesteckt wird. Walking City beschreibt eine Stadt, deren Bewohner sich mit ihren Wohnkapseln wie Nomaden fortbewegen (walking) sollten, Living Pod eine Stadt aus präfabrizierten, wie Schneckenhäuser geschlossenen Wohnhülsen (pod). Die öffentlichen Plätze der Instant City sollten die Möglichkeit bieten, schnell (instant) mithilfe von mobilen Fahrzeugen Veranstaltungen, Animationen und Aufführungen umzusetzen.

Archigram realisierte zwar keine Gebäude, proklamierte aber eine einflussreiche Philosophie und hinterließ viele Entwürfe, die von der Gruppe als »evokativ« und nicht als »deskriptiv« bezeichnet wurden, obwohl sie ausgesprochen reich an Details sind.

Wichtig waren die figurativen Bezüge in ihren techniklastigen Entwürfen, wie zum Beispiel die Raketenform und Gegenstände, die im Zusammenhang mit der Raumfahrttechnik stehen. Zu ihren Stilmitteln gehörten auch avantgardistische Pop-Art-Malereien. Es herrschte ein uneingeschränkter Fortschritts- und Technikglaube und man ging von unerschöpflichen Energiequellen aus.

Archigram löste sich nach zehn Jahren auf, doch ihr Beitrag war eine wesentliche Grundlage für die Theorie und Gestaltungslehre der Hightecharchitektur, eine der wichtigsten zeitgenössischen Architekturströmungen. Man denke nur an die offensichtlichen Inspirationsquellen von Richards Rogers und Renzo Piano für ihr Centre Pompidou.

JØRN UTZON

Das Sidney Opera House gehört zu den Ikonen der Architektur des 20. Jahrhunderts, nicht nur in Australien. 1957 gewann Jørn Utzon (1918–2008), ein bis dahin kaum bekannter dänischer Architekt, der einige Einfamilienwohnhäuser gebaut hatte, einen Wettbewerb, an dem mehr als dreihundert Architekturbüros teilgenommen hatten. Mehr als zehn Jahre war er mit der Realisierung des Opernhauses beschäftigt und wurde schließlich von dem Projekt ausgeschlossen, weil es aufgrund der Kostensteigerungen Streitigkeiten mit dem zuständigen Ministerium gab. Utzon sollte sein Werk nie vollendet sehen. Das Dach des Opernhauses, dessen Innenräume in traditioneller Weise organisiert sind, besteht aus mehreren gekrümmten Schalen. Man könnte sie auch als Segel eines Segelschiffs aus Beton und Naturstein interpretieren, das in der Bucht der dem Hafen vorgelagerten Halbinsel angelegt hat und dessen Segel sich im Wind blähen. Auch die prominente Lage trägt zu dem einzigartigen und weltweit bekannten Bild bei. Utzon baute in der Folgezeit wenig, und keines seiner Bauwerke sollte je wieder die herausragende Qualität des Opernhauses erreichen. Als weitere Werke sind die Bagswærd-Kirche in Kopenhagen (1974–1976) und das Parlamentsgebäude in Kuwait (1973–1982) zu nennen. Viel interessanter ist sein privates Wohnhaus auf Mallorca, Can Lis. Es ist aus dem örtlichen Naturstein errichtet. Von Haus Lis (das den Namen seiner Frau trägt) aus eröffnen sich fantastische Ausblicke auf das Meer. Utzon verbrachte dort viele Monate des Jahres. Später zog er in ein anderes eigens geplantes Haus, Can Feliz im hügeligen Hinterland von Mallorca.

Jørn Utzon, Can Lis (Haus Lis), 1972, Mallorca, Spanien

Jørn Utzon, Detail der geblähten Segel des Opernhauses, 1957–1973, Sidney
Der dänische Architekt verdient sich allein mit diesem einen Projekt seinen Platz in der Architekturgeschichte. Wie kein anderes Gebäude gehört es zur besonderen Identität Australiens. Es handelt sich um eine Megastruktur, die trotz ihrer zeitgenössischen Architektursprache hervorragend an die Umgebung angepasst ist.

NACH 1980: DIE GLOBALISIERUNG

Die Globalisierung ist eine Tatsache. Es hat den Anschein, als gäbe es keine zeitlichen und räumlichen Einschränkungen angesichts der Kommunikations- und Informationsmöglichkeiten, die uns heute zur Verfügung stehen. Die Begriffe Heimatverbundenheit und Tradition klingen nach Vergangenheit und sind scheinbar nicht mehr zeitgemäß. Es herrscht eine Art Supermarktmentalität, die davon ausgeht, dass alles überall auf der Welt auf die gleiche Art und Weise verfügbar ist. Es gibt allerdings immer noch eine Konkurrenz der architektonischen Wahrzeichen, die sich alle im Kielwasser des Opernhauses in Sydney von Utzon und den New Yorker Twin Towers von Yamasaki bewegen.

Einige Architekten, die einen prägnanten und eigenständigen Stil entwickelt haben, erhalten Aufträge, auch in den hintersten Winkeln der Erde Bauten zu realisieren – und zwar in einem zunehmend schneller werdenden Rhythmus, sodass sich die Projekte mit hohem Wiedererkennungswert gegenseitig überschlagen. Neue Bautechniken und Materialien sowie die Möglichkeit, bei Entwürfen und statischen Berechnungen intensiv mit dem Computer zu arbeiten, lassen Bauwerke entstehen, die in jeder Hinsicht innovativ sind. Die Gebäude erscheinen in erster Linie als persönlicher Ausdruck des jeweiligen Architekten, sie sind nicht mehr ortsbezogen und ihre Funktion und Typologie spielt nur noch eine untergeordnete Rolle. Es sind Repräsentationsbauten – Museen, Rathäuser, Konzerthallen, Bürogebäude, Kirchen, Brücken. Nie handelt es sich um Wohnungsbauten, bei denen andere Entwurfskriterien gefordert sind, die eng mit der Funktion und der Wirtschaftlichkeit verbunden sind. Es sind Bauwerke von Einzelpersönlichkeiten, wobei bestimmte Architekturtendenzen genannt werden, wie die Hightecharchitektur, die Postmoderne, die klassische Moderne, der Neorealismus, der Minimalismus oder auch die hedonistische Architektur. Dies alles sind Klassifizierungen zur Orientierung, die helfen sollen, einige Bezugskriterien wiederzuerkennen. Die Architekten sollten sich damit beschäftigt haben, zumal einige während ihrer beruflichen Laufbahn ihren Stil geändert haben. Für neue Talente ist es in dem bestehenden System von Stararchitekten indessen schwer, sich zu profilieren.

Bernard Tschumi, Parc de la Villette, 1982, Paris

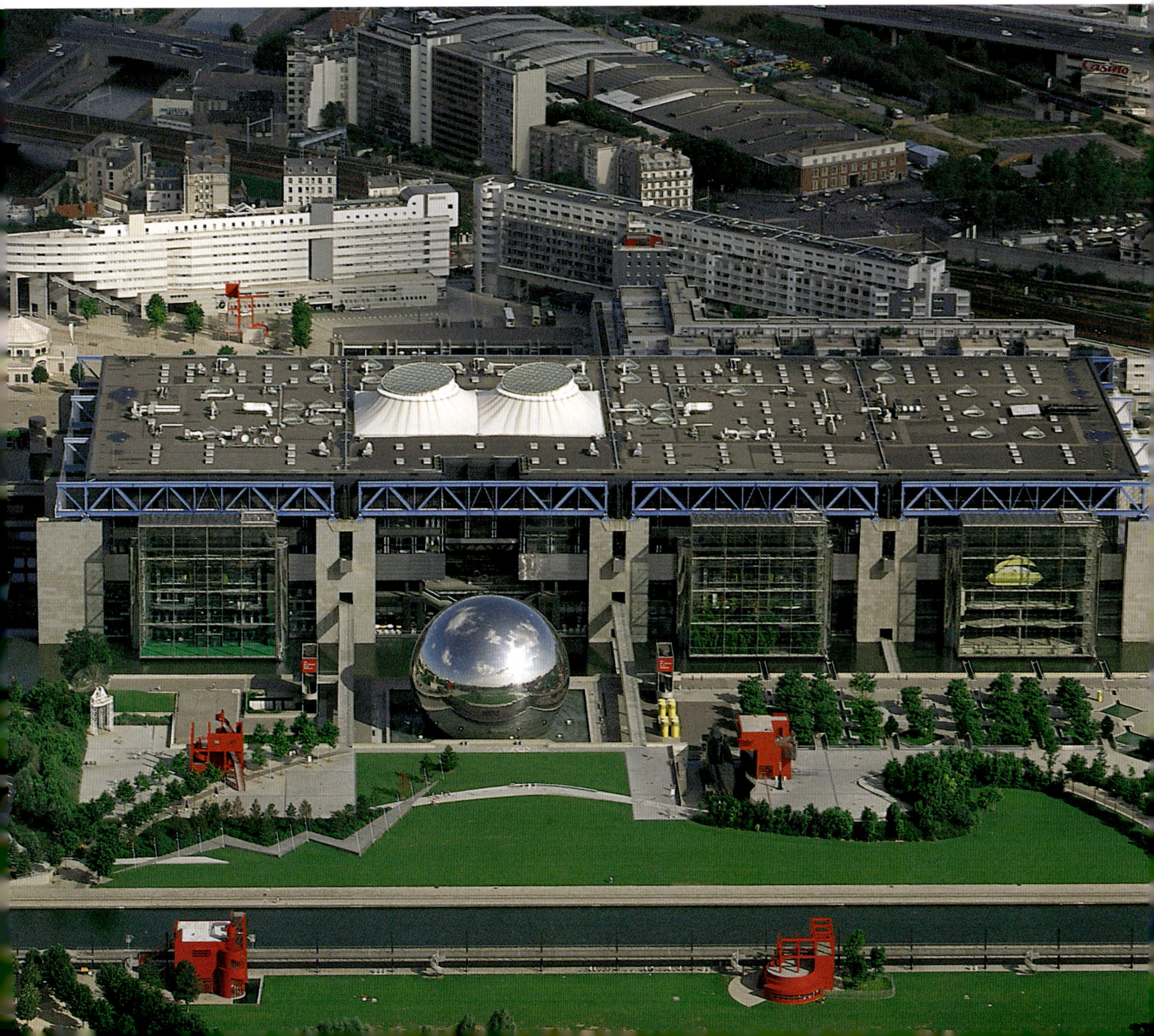
Casino

DIE POSTMODERNE

Die Architektur der Moderne und der moderne Städtebau gerieten in den 1970er Jahren in den USA aufgrund des 1972 erschienenen Essays *Learning from Las Vegas*« von Robert Venturi (geb. 1925) in die Krise. In diesem Essay wurde die These aufgestellt, dass man von der kurzlebigen Bühnenbildarchitektur von Las Vegas lernen und den kalten Funktionalismus überwinden kann. Der Architekturtheoretiker Charles Jencks folgte diesem Gedankengang in seinem Buch *The Language of Post-Modern Architecture* (1977) (dt. Übersetzung: *Die Sprache der postmodernen Architektur*, 1978) und legte das Ende der Moderne symbolisch auf den 15. Juli 1972 fest. An diesem Tag wurde in St. Louis das Stadtviertel Pruitt-Igoe abgerissen, ehemals errichtet nach den städtebaulichen Kriterien der CIAM (Congrès Internationaux d'Architecture Moderne). Seine 33 Hochhäuser mit jeweils elf Geschossen waren unbewohnbar geworden.

Die Reaktion von Charles Jencks stellte vor allem eine verbale Reaktion dar. Er behauptete, dass die vom Rationalismus geprägten Entwürfe und die daraus resultierenden städtebaulichen Ordnungssysteme zu einem Endpunkt gekommen seien und nun durch eine befreite, variantenreichere, fröhliche und farbige Architektur ersetzt werden müssten. Es entstand eine Bewegung, die eng mit der Pop-Art verbunden war und gut zur Welt der Werbung und der konsumorientierten Gesellschaft passte. Das Ergebnis bestand in einer Art Narzissmus in der Architektur, der darauf ausgelegt war, diese wieder in den Strom der Geschichte einzubinden. Anfangs war es vor allem ein amerikanischer Anspruch, der sich, um seine Qualifikation nachzuweisen, an architektonischen Grundtypen der Geschichte bediente: Säule, Kapitell, Giebel, Simse. Diese Elemente wurden geometrisch schematisiert und dann auf die unterschiedlichste Weise neu kombiniert – antiklassisch, durch repetitiven Einsatz und völlig maßstablos. Man denke nur an die ionische Riesensäule, die Venturi in das Atrium des Allen Memorial Art Museum in Oberlin, Ohio (1976), setzte. Der Begriff Postmoderne ist makroökonomischen Analysen entlehnt und bezeichnet den Zeitraum, in dem die Dienstleistungen die Produktion von Gütern ersetzt haben.

1979 baute Charles Moore in New Orleans seine bekannte Piazza d'Italia. Um einen kreisrunden Brunnen ist eine Kulisse aus einem farbenfrohen Nebeneinander von Säulen, Bögen, Tympanons und Reliefs in den verschiedenartigsten stilistischen Versatzstücken gebaut worden. Das Ergebnis kann nicht nur als Manifest der Postmoderne interpretiert werden, sondern auch als Ausdruck, sie der Lächerlichkeit preiszugeben, indem hier ein übertriebener Mischmasch der architektonischen Elemente präsentiert wird.

► **Blick in die Saalgasse, 1980–1990, Frankfurt am Main**

Dies ist die erste städtebauliche Umsetzung postmoderner Architektur. Die Fassaden von zwei nebeneinanderliegenden Häuserblöcken sind in kleine, vertikale, farbige Einheiten unterteilt, wie bei den schmalen Bürgerhäusern in den Hansestädten. Jede Hauseinheit wurde von einem anderen Architekten geplant, der jeweils eine eigene und sehr persönliche Interpretation und Neukomposition der klassischen Elemente entwickelte.

Unten links
Charles Moore, Piazza d'Italia, 1979, New Orleans

Um einen runden Springbrunnen hat Charles Moore unterschiedliche Staffagen aus verschiedenen Epochen der Architekturgeschichte zusammengestellt: aus der griechischen und römischen Antike, der Renaissance und dem Barock. Es ist ein typisches Werk der Postmoderne, bei dem Charles Moore überzeichnete und karikierte.

Unten rechts
Robert Venturi,
Kapitell des Allen Memorial Art Museum, 1976, Oberlin, Ohio

Venturi, der in seinen theoretischen Schriften mit der Moderne brach, führte die Sprache der postmodernen Architektur ein. Beim Eingang des Allen Memorial Art Museum gestaltete er dieses überdimensionierte ionische Kapitell. Es steht als Verbindungselement zwischen der Geschichte und dem zeitgenössischen Werk.

Philip Johnson, AT&T-Hochhaus, 1984, New York

Im Lauf seines langen Berufslebens gehörte Philip Johnson zu den Entdeckern des Modern Style (1932), aber auch des Dekonstruktivismus (1988). Zu Beginn seiner beruflichen Laufbahn war er ein überzeugter Anhänger der Architektur Mies van der Rohes. Nach 1980 wurde er zu einem der kreativsten Architekten der Postmoderne. Er brachte mit großem Feingefühl ein reiches dekoratives Repertoire ein, das aus historischen Vorbildern schöpfte. Der Giebel ist eine überdimensionierte Replik eines Architekturelements, das der Renaissancetheoretiker Leon Battista Alberti zu seinem Formenkatalog zählte.

Die öffentlichen Weihen wurden der Postmoderne 1980 mit der Biennale Venedig verliehen, die das Motto *Die Gegenwart der Vergangenheit* trug und bei der einige bereits bekannte neben einigen sehr jungen Architekten eingeladen waren, die Fassade eines Hauses zu entwerfen. Alle Arbeiten sollten gleich groß sein und im Arsenal-Gebäude entlang einer Straße, der Via Novissima, aufgereiht werden. Schon der Name der Straße war historisierend und nahm Bezug auf die Strada Nuova aus dem 16. Jahrhundert in Genua. Dieser Ablauf von Fassaden sollte die städtebauliche Kontinuität der Architektur bestätigen und nicht etwa einzelne Gebäude. Die Rückkehr zu einer Architektursprache, die mit historischen Archetypen arbeitete, verbreitete sich in der ganzen Welt. An der Biennale nahmen unter anderem Arata Isozaki, Frank O. Gehry, Michael Graves, Charles W. Moore, Ricardo Bofill, Oswald Mathias Ungers, Robert Venturi und Hans Hollein teil. Der Letztgenannte lieferte die wohl beste Interpretation des Themas. Er präsentierte eine Fassadenfront mit vier Säulen, zwei von ihnen stellten klassische Säulen dar, eine war einem Modell des Wolkenkratzers nachempfunden, das Adolf Loos 1922 für die Chicago Tribune entworfen hatte. Der vierten Säule fehlte die untere Hälfte. Hinter den Fassaden war nichts; nur der Ausstellungsstand des jeweiligen Urhebers. Der Erfolg war enorm. Die Postmoderne bescheinigte sich damit, eine reine Fassadensprache zu sein, die nur außen wirkt und keinen Einfluss auf die Grundrissordnung, die Bautechnik, den Baukörper oder gar die Funktion des Gebäudes nimmt und die sich klassischer Elemente bedient, wie Symmetrie, Achsialität und der Wiederholung einzelner Elemente. Eine städtebauliche Umsetzung der Postmoderne findet man in der Saalgasse in Frankfurt am Main (1980–1990). Dort haben 14 Architekten auf jeweils 7,50 Meter breiten und 10 Meter tiefen Parzellen schmale, viergeschossige, giebelständige Wohnhäuser mit einer durchgehenden Flucht geplant. Die Fassaden der großen Sozialwohnungsbauten, die Ricardo Bofill (geb. 1939) und sein Büro Taller de Arquitectura 1985 in Cergy-Pontoise und 1983 in Marne-la-Vallée errichteten, waren Kompositionen aus zahllosen absichtlich fragmentierten, überdimensionierten Säulen, Rahmen und Auskragungen. All diese Elemente sollten den Bühnencharakter der Architektur betonen, die sich in einer klassischen städtebaulichen Ordnung um rechteckige oder runde Plätze gruppierte. Diese Bauten stellten eine Hyperdeformation der

Postmoderne dar. Während Architekten wie Frank O. Gehry und Robert Venturi diese Art der Architektur hinter sich ließen und ihren eigenen Weg gingen, wurde die neue Figurativität in den Vereinigten Staaten weiterentwickelt und Teil der weitverbreiteten dekorativen Tradition.

Philip Johnson (1906–2005), der sich in seiner langen Berufstätigkeit mit vielen Architektursprachen auseinandergesetzt hat, entwarf das AT&T-Hochhaus in New York (1984) mit einem dreieckigen Tympanon, aus dessen Mitte ein Kreis ausgeschnitten war. Dabei berief er sich auf die Lehre des Renaissance-Architekturtheoretikers Leon Battista Alberti. Die neugotischen Stilelemente der Grundtvigskirche in Kopenhagen (1940) verwendete er bei der von ihm geplanten Republic Bank in Houston (1984). Daneben bediente er sich auch anderer Stile, die er mit Kolonnaden, Statuen, klassizistischen und barocken Elementen bereicherte.

Die von Michael Graves (geb. 1934) geplanten Gebäude bestehen aus kompakten Baukörpern, die er mit groß dimensionierten klassischen und dekorativen Stilelementen versehen hat, wie beim Portland Building der Stadtverwaltung Portland und beim Humana Building in Louisville (1985). In Europa wurde der neue Stil durch James Stirling, den Vorreiter der Hightecharchitektur, vertreten. Als seine erste in diesem Sinn konzipierte Anlage ist eine nicht realisierte Platzgestaltung in Derby zu nennen. Später manifestierte sich dieser Stil dann in dem Bau der Stuttgarter Staatsgalerie (1984). Dieses Gebäude ist reich an Architekturzitaten, im Innenhof sieht man auch wieder einige Kapitelle. Die Mode der Postmodernen und die Verbreitung ihrer Architektursprache haben in jener Zeit auch Architekten wie Aldo Rossi und Oswald Mathias Ungers aufgegriffen und sie in eine neorationalistische Architektursprache umgesetzt. Die Postmoderne stieß aufgrund ihrer Fähigkeit, mühelos alle Stile zu imitieren, bald an ihre Grenzen. Sie wurde von der Konsumwelt aufgegriffen und dort zum Inbegriff von billigem und qualitätlosem Ramsch.

James Stirling, Blick in den Innenhof der Staatsgalerie, 1984, Stuttgart

Seine letzten Gebäude plante Stirling für eine urbane Umgebung. Der Innenhof mit Atriumcharakter befindet sich auf einer höheren Ebene. Er wird von einer heterogen gestalteten Fassade umschlossen. Zahlreiche Zitate aus der Hightecharchitektur, insbesondere bei den Metallteilen, die Zweifarbigkeit und die Elemente aus der Postmoderne verleihen diesem Gebäude einen eklektischen Charakter.

HIGHTECHARCHITEKTUR

Die technologischen Utopien der englischen Gruppe Archigram und der japanischen Metabolisten, die sich eine Stadt als eine Komposition von Strukturen, Brücken, gedruckten Schaltungen, fliegenden Untertassen und allem anderen vorstellten, was die Technik so bot, beeinflussten nicht wenige Architekten in England, die in ihre Planungskanons Elemente der Utopisten integrierten. Ziel war es, die technischen und mechanischen Komponenten eines Gebäudes sichtbar zu machen, also die Konstruktion, die technischen Installationen und die vertikalen Verbindungen. Damit dies nicht banal wirkte, wurden sie mit Bildern überladen, waren ihre Konstruktionen übertrieben, und lebhafte Farben beherrschten Fassaden und Innenräume. Blech, Kunststoff und Glas, zu der Zeit noch ungewöhnliche Materialien, kamen zum Einsatz. Es war eine Revolution, vielleicht vergleichbar mit der Revolution von 1968, die sich hier in der Architektur abspielte. Das Werk von Stirling, die Architektur der Ingenieure und die Tradition der Glashäuser können als Vorläufer angesehen werden, doch die neuen Protagonisten – Richard Rogers, Norman Foster und Renzo Piano – waren absolut innovativ. Die konstruktiven Entwürfe entwickelten sich in eine andere Richtung, wie die kühnen Werke von Jean Nouvel oder die unvergleichlichen Superstrukturen von Santiago Calatrava zeigen. Aber auch die frühen Hightecharchitekten haben unterschiedliche Interpretationen des Themas geliefert. So ist Rogers ein Vertreter des reinen Minimalismus, wohingegen Foster und Piano die angewandten Technologien perfektionieren und sie mit formalen Innovationen verbinden.

► Ieoh Ming Pei, Bank of China, 1990, Hongkong

Dieses Hochhaus ist von unübertroffener Eleganz. Es wirkt wie ein gefaltetes Origamikunstwerk mit seinen aus Dreiecken und Rhomben zusammengefügten Fassaden und der weißen Konstruktion. I. M. Pei entwarf einen klar umrissenen, schlichten Baukörper, der in drei unterschiedlich hohe Gebäude aufgelöst ist und in seiner Unergründlichkeit die Skyline von Hongkong beherrscht.

Rafael Viñoly, überdachter Innenhof des International Forum, 1996, Tokio

Das International Forum ist ein großer Gebäudekomplex, zu dem ein Konzertsaal, mehrere Theatersäle, Büros, Ausstellungsbereiche sowie ein überdachter, atriumartiger Innenhof gehören, der gegenüber dem Straßenniveau abgesenkt ist. Der großzügige und hohe Raum wird von Brücken durchquert, die die verschiedenen Baukörper miteinander verbinden. Eine große Stahlkonstruktion aus einem Unterzug und vielen Tragrippen trägt das Dach; dessen Gestalt an einen Schiffsrumpf erinnert.

BOND
HILTON

Foster and Partners,
Swiss Re Tower, 2004, London

Der Swiss Re Tower ist ein 200 Meter hoher, kompakter Baukörper, mit einer absolut innovativen Form und einer spiralförmigen Konstruktion.

Jean Nouvel, Torre Agbar,
2004, Barcelona

Die Konstruktion dieses Hochhauses ist traditionell. Es hat eine doppelte Fassade – die innere mit farbigen Paneelen und Öffnungen, die äußere Fassade aus Glaslamellen.

Santiago Calatrava, Gare do Oriente, 1998, Lissabon

Anlässlich der Expo 1998 plante Calatrava diesen Vorortbahnhof, der an eine mehrschiffige gotische Kathedrale erinnert.

RICHARD ROGERS

Richard Rogers (geb. 1933) betrat beinahe über Nacht die Bühne der Architektur, als er gemeinsam mit Renzo Piano 1970 den Wettbewerb für das Centre Pompidou in Paris gewann. Es ist *das* Symbol einer Hightecharchitektur und bricht mit allen Traditionen. Das Ausstellungsgebäude wirkt wie eine monumentale Fachwerkkonstruktion; auf der einen Fassadenseite ist der Zugang zu den einzelnen Geschossen organisiert, die gegenüberliegende Fassade wird von den farbigen Versorgungsleitungen gestaltet.

Diese beeindruckende Ausdruckskraft entwickelte Rogers zuerst bei einigen kleineren Gebäuden und später bei Fabrikhallen und Bürogebäuden. Jedes Mal erfand er eine neue konstruktive Typologie, die sich immer durch ein hohes Raffinement auszeichnete, wie bei der Anlage für die PA Technology Laboratories and Corporate Facility in Hightstown nahe Princeton, New Jersey (1982), oder bei den NAPP Laboratories in Cambridge (1979) und dem INMOS-Fabrikgebäude in Newport, Südwales (1982). Alle Gebäude zeichnen sich dadurch aus, dass hohe Stützen in Gelb, Rot oder Blau mit Spannseilen die Tragwerkkonstruktion des Daches wie bei Brückenbauwerken tragen. In der Londoner City baute Rogers die Hauptverwaltung von Lloyd's (1986), eine Stahlkonstruktion, die den Eindruck erweckt, aus den Bauteilen einer Maschine zusammengesetzt zu sein. In der Mitte erkennt man einen mit einem gläsernen Tonnendach überdachten Bereich, der wie ein neuartiger Glaspalast aus Stahl und Glas wirkt. Für seine zahlreichen Flughafenprojekte wie Marseille (1992), Madrid (2006) und London Heathrow (2008) vervollkommnete er andere Konstruktionstypen, führte geschwungene Formen, Gewölbe und geschlängelte Profilierungen ein und verwendete neben Stahl auch Holz.

Bei seinen neuesten Verwaltungsgebäuden in London bemühte sich der Architekt um eine streng zurückgenommene Eleganz, mit schlichten, rechteckigen Formen, transparenten, vielfältig gegliederten Baukörpern und nur wenigen Farbtupfern. Rogers hat sich auch mit städtebaulichen Themen befasst. Er war insbesondere an Projekten für die Neustrukturierung vieler englischer Städte beteiligt sowie ganzer Stadtteile von London. Dazu gehört auch das Projekt des riesigen Millennium Dome (1999).

Richard Rogers, Modell der Arena, 1995, Saitama, Japan

Das Modell von Rogers zeigt dünne Seile, die mit vier nach außen geneigten Stützen verspannt sind und das Tribünendach tragen. Die Tribüne aus gerundeten Schalen ist über einem Fundament errichtet, das über die neueste Technologie verfügt.

Links

Richard Rogers, Hauptverwaltung von Lloyd's of London, 1986, London

Bei der Hauptverwaltung von Lloyd's of London sind die Baukörper aufgelöst, und die Fassaden wurden vom Architekten wie mechanische Maschinenteile behandelt, in einen riesigen Maßstab übersetzt und in glänzendem Edelstahl ausgeführt. Eine innovative Architektursprache fand hier zu einer innovativen Form. In der Mitte des Gebäudes fügte Rogers ein großes Tonnengewölbe aus Stahl und Glas ein, das an ein traditionelles englisches Glashaus erinnert.

Richard Rogers, Erweiterung des Justizpalastes Bordeaux, 1998, Bordeaux

Hier zeigt sich die Modernität von Rogers. Der neue Baukörper des Justizpalasts und die sieben außen mit Holz verkleideten Kegelstümpfe, in denen sich die Gerichtssäle befinden, werden von einer leichten Dachkonstruktion überwölbt.

DAS MEISTERWERK
CENTRE GEORGES POMPIDOU IN PARIS

Richard Rogers und Renzo Piano gewannen 1970 den Wettbewerb für den Bau des 1978 fertiggestellten Centre Georges Pompidou, ein Projekt der städtebaulichen Neuordnung des ehemaligen Geländes des Pariser Großmarktes Halles Centrales. Eine auffällige Stahlkonstruktion tritt mit ihren charakteristischen Eigenheiten deutlich in den Vordergrund, während die eigentliche, den Raumabschluss bildende Fassadenebene unauffällig dahinterliegt. Alle technischen Installationen wurden nach außen verlagert und durch Primärfarben besonders betont. Auch die Zugangstreppe zu den einzelnen Geschossen ist vor die Außenfassade verlegt und wird von der Konstruktion getragen. Das Gebäude, das sich hinter den bunten Röhren verbirgt, ist ein schlichter und neutraler Quader. Dieses Bauwerk stellt ein authentisches Manifest der Hightecharchitektur dar und hat die zeitgenössische Architektur revolutioniert. Der gemauerte Baukörper traditioneller Gebäude wird hier durch technische Bauelemente und Elemente der Anlagentechnik ersetzt, die zum eigentlichen architektonischen Ausdrucksmittel werden.

Richard Rogers und Renzo Piano, Entwurf (◀) und Ansicht (unten) des Centre Georges Pompidou, 1978, Paris

Die Konstruktion, die Installationen, Treppen und Fahrstühle, also alles, was bisher in einem Gebäude versteckt war, wurden beim Centre Georges Pompidou nach außen vor die Fassade gelegt. Die Fassade ist nun nicht mehr eine Wandfläche, sondern vermittelt, dass es sich bei diesem Gebäude um eine hochtechnische Maschine handelt. Es sind die Phänomene einer neuen Architektursprache.

NORMAN FOSTER

Norman Foster entwickelte für die drei Hochhäuser in Hongkong (1986), Tokio (1991) und Frankfurt am Main (1997) jeweils eine andere extrovertierte Konstruktionsmaschinerie, indem er die Baukörper in Elemente zerlegte und außenliegende Fahrstuhltürme anfügte. Für das American Air Museum in Duxford (1997) versenkte er den Baukörper teilweise ins Gelände und überwölbte ihn mit einer Kuppel. Auch das Gewächshaus des Botanischen Gartens von Wales (2000) ist von einer riesigen Kuppel überdacht – hier ist sie das engmaschige Netz einer Stahlkonstruktion. Diese Konstruktionsweise findet sich auch bei Fosters Bahnhof für Hochgeschwindigkeitszüge in Florenz (2002), allerdings mit diagonal verlaufender Netzstruktur. Auch der zentrale Innenhof des British Museum in London (2000) wird von einer solchen Kuppelkonstruktion überdacht und ist wohl der außergewöhnlichste überdachte Innenhof unserer Zeit. Foster ist auch der Architekt der gläsernen Reichstagskuppel in Berlin (1999). Bei seinen neuesten Gebäuden experimentierte er mit formalen konstruktiven Neuentwicklungen und entwickelt damit sein Ausdrucksrepertoire weiter. Er verzichtet auf sichtbare Konstruktionen, Installationen und mechanische Elemente, alles wird durch die Perfektionierung der Form zusammengefasst. Diese »neue« Hightecharchitektur kann man bei seinen Londoner Projekten, der U-Bahn-Station Canary Wharf (1999), dem Swiss-Re-Hochhaus (2003) und dem Verwaltungsgebäude der Greater London Authority (2002) bestaunen. Seine 2004 fertiggestellte, außergewöhnliche Autobahnbrücke Viaduc de Millau über den Tarn in Südfrankreich, die zwei Kilometer lang ist und mehr als 200 Meter hoch, verbindet konstruktiven Anspruch mit der formalen Qualität der weißen Pylone, die fächerförmig angeordnete Seile tragen. Diese Brücke ist rasch zu einem Wahrzeichen in dieser weiten Landschaft geworden. Fosters rastlose Tätigkeit, die sich zwischen formalem Erfindungsgeist, technischer Perfektion und einer großen Produktionskapazität bewegt, führt zu immer sensationelleren Projekten in New York, Singapur und Moskau.

► Norman Foster, Autobahnbrücke Viaduc de Millau über den Tarn, 2004, Millau, Frankreich

Dies ist die höchste Autobahnbrücke Europas, die von überschlanken Pfeilern getragen wird. Ihre Konstruktion ist außerordentlich komplex. Jeder Pfeiler trägt die Brücke mit einem Bündel Stahlseile. Die weiße Farbe und die Leichtigkeit der Konstruktion verleihen ihr eine Transparenz, als wäre sie eine zarte Arbeit aus Spitze inmitten der Landschaft.

► Norman Foster, Sainsbury Centre for Visual Arts, 1978, Norwich

Norman Foster (geb. 1935) hatte einen ersten Erfolg mit dem Sainsbury Center for Visual Arts der Universität von East Anglia in Norwich (1978): ein geschlossener weißer Block auf einer grünen Wiese, einem Industriegebäude ähnelnd. Die komplette Verglasung und die raffinierten Details verleihen ihm seinen besonderen Charakter. Wegen der überraschenden Öffnung an den Schmalseiten, denen ein dreidimensionales Portal aus weißen Rohren vorgelagert ist, das die konstruktive Qualität, den Erfindungsgeist und die Fantasie Fosters beweist, erregte der Architekt mit diesem Gebäude weltweite Aufmerksamkeit.

Norman Foster, Hongkong and Shanghai Bank, 1986, Hongkong

Ein Hochhaus wie eine Maschine. Das Gebäude ist in mehrere Baukörper gegliedert und weist eine neue Art der Konstruktion auf, die seitlich neben den Fahrstühlen positionierten Türme. Alle technischen Einrichtungen befinden sich oben auf dem Dach des Hochhauses, auch eine komplizierte Vorrichtung, die Tageslicht von oben in das Gebäude einleitet

RENZO PIANO

Renzo Piano (geb. 1937) gab seinen Einstieg in die Architektur, als er gemeinsam mit Richard Rogers 1970 den Wettbewerb zum Bau des Centre Pompidou in Paris gewann. Seine ersten Arbeiten folgten dem gleichen Formenkanon: Konstruktion, Installationen und alle technischen Elemente blieben sichtbar, weil er die Gebäude jenseits der Fassaden darstellen wollte. Aufgrund seiner qualitätvollen Forschungen und Studien über Konstruktionsformen und möglicherweise einsetzbaren Baumaterialien, seiner Gebäudetypologien und Gebäudeformen entwickelte sich Renzo Piano zu dem wohl facettenreichsten und vielfältigsten Vertreter des Hightechgedankens, der jedoch nur einen Teil seines umfangreichen Architekturschaffens darstellt. In Amsterdam entwarf er das Science Centre Nemo, das sich wie ein Schiffsbug aus Titanzink über das Wasser schiebt (2000), und in Rotterdam das KPN-Hochhaus (2000) mit einer nach vorn geneigten Glasfassade, die an einem Punkt von einer Säule abgestützt wird. In Rom baute Renzo Piano den Parco della Musica (2002) mit drei schalenförmigen Baukörpern unterschiedlicher Größe. Die Metallverkleidung der Schalen wirkt wie Blei, die Konstruktion ist aus Holz. Das Maison Hermès (2000) steht als eleganter, schlanker und hoher Kubus in der Innenstadt von Tokio; die transparente Fassade ist vollständig mit Glasbausteinen verkleidet. Eine weitere Facette des Werks von Renzo Piano ist das Centre Culturel Tjibaou in Neukaledonien (1991) mit zu Schalen geformten Holzkonstruktionen. Das Zentrum Paul Klee in Bern (1993) ist ein wenig in das Gelände eingelassen und wird von drei gewellten Tonnendächern aus Stahl und Glas überdacht. Die tragende Konstruktion der Kirche in San Giovanni Rotondo (2004) bilden die aus Natursteinblöcken gefügten Bögen. Die Liste ließe sich weiter fortführen. Selbst die weniger spektakulären Bauwerke beweisen Pianos Eigenständigkeit und technische Perfektion: die Bürogebäude in Lyon und Mailand, der hinzugefügte Baukörper auf dem Dach des Lingotto (des ehemaligen Fabrikationsgebäudes von Fiat) in Turin oder die Umnutzung einer ehemaligen Fabrikhalle als Opernhaus in Parma. Renzo Piano hat das Verlagsgebäude der New York Times in New York geplant, das er mit weißen Keramiklamellen verkleidet hat, und bei dem laufenden Realisierungsprojekt der Shard London Bridge baut er ein schlankes, 310 Meter hohes, pyramidenförmiges Gebäude. Dies alles sind Projekte, bei denen die äußere Hülle den Baukörper an Höhe überragt – wie ein feines Rasterwerk, das im Himmel verschwindet.

Renzo Piano, Konzerthallen des Auditorium Parco della Musica, 1994–2002, Rom

Der Parco della Musica ist ein Gebäudekomplex, der aus drei unterschiedlich großen Konzertsälen besteht, die sich um ein Freilichttheater mit ansteigenden Sitzreihen gruppieren. Die Konstruktion der Säle ist aus Stahl und Holz, die Dächer sind aus Blei. Der spezifischen Gestalt der Konzertsäle verdankt das Gebäudeensemble seinen Spitznamen »die drei Käfer«.

Oben links
Renzo Piano,
Shard London Bridge, London

Derzeit ist diese riesengroße, 310 Meter hohe Nadel noch im Bau befindlich, prägt aber bereits die Skyline von London. Ihr Grundriss ist ein unregelmäßiges Vieleck, das in ein Quadrat gesetzt ist. Die Fassaden sind regelmäßig horizontal gegliedert und werden durch einige wenige Einschnitte belebt.

Oben rechts
Renzo Piano, Centre Culturel Tjibaou, 1991, Nouméa, Neukaledonien

Das Kulturzentrum besteht aus mehreren Pavillons aus gebogenen Holzschalen, deren Lattenverkleidung wie ausfransend über die Konstruktion hinausragt. Mit dieser Gestaltung werden einfache Formen mit heimischen Materialien, die hier wie unfertiges Korbgeflecht ausgeführt sind, in Architektur umgesetzt. Wesentliche Elemente dieser Architektur von Piano sind die ausgefallenen Formen, die ausgesuchten Materialien und die Ortsbezogenheit. Dadurch, dass er die Verkleidung des Gebäudes über den Baukörper hinausragen lässt, gelingt es ihm, es unmittelbar mit dem Himmel zu verbinden.

JEAN NOUVEL

Jede seiner Arbeiten ist das Ergebnis einer sehr persönlichen Interpretation des Ortes und der vorgegebenen Aufgabe. Jean Nouvel (geb. 1945) stellt sich der Herausforderung einer besonderen, dem Ort angemessenen Architektur, löst diese Aufgabe mit großer Kreativität und bedient sich dabei kühner technischer Mittel. Als er 1982 den ersten Preis beim Realisierungswettbewerb für das Institut du Monde Arabe in Paris gewann, gab er damit sein großartiges Debüt. Das Gebäude wurde 1987 fertiggestellt. Der Grundriss zeigt ein geschwungenes Dreieck, die Fassaden sind mit dekorativ gestalteten Glaspaneelen verkleidet, die an Fliesen aus der islamischen Kunst erinnern. 1988 gewann Jean Nouvel den Wettbewerb für den Unendlichen Turm, der im Viertel La Défense in Paris gebaut werden sollte. Er schlug einen mehrere Hundert Meter hohen Zylinder vor, dessen Farbspektrum sich verändern sollte, doch das Projekt wurde nicht umgesetzt. Ein Jahr später realisierte er das Kultur- und Kongresszentrum in Luzern, das mit einem kleinteiligen Metallgitternetz verkleidet ist. Zum Vierwaldstättersee hin präsentiert sich die Fassade mit einer Verkleidung aus blauem Blech, über die ein elegantes Vordach weit auskragt, ähnlich dem Museo Reina Sofia in Madrid, das er 2004 baute. Dort fügte er an einen rechteckigen Baukörper ein fantastisches rotes Vordach an, das einen Innenhof überdacht. Bei der Fondation Cartier in Paris (1995) hingegen stellte er vor die Fassade des rechteckigen Gebäudes eine regelmäßige Stahlgitterkonstruktion, die auf beiden Seiten das Gebäude überragt. Dieser Konstruktion vorgelagert ist ein ebenso konstruiertes verglastes Vordach, das den Eingangsbereich zur Straße hin umfriedet. Der Dentsu-Hauptsitz in Tokio (2002) mit seinem Grundriss, der an einen Bumerang erinnert, ist von einem Dreieck umschlossen. Das Projekt ist mit einer innovativen Haustechnik und Energieeinsparungseinrichtungen ausgestattet. Über die Fassade des raketenförmigen Torre Agbar in Barcelona (2004) wurde eine Glashaut aus Lamellen gezogen. Die Öffnungen des Turms sind in unregelmäßigen Abständen angeordnet; nachts wird er von Leuchtdioden in Blau, Rot, Pink und Gelb beleuchtet. Nouvels neuestes Werk, das Musée du Quai Branly in Paris (2007), ist das nationale französische Museum für außereuropäische Kunst und geradezu revolutionär in seiner architektonischen Konzeption. Zwei seiner Fassaden sind völlig unterschiedlich gestaltet. Aus der einen langen Fassade schieben sich viele unterschiedlich große, farbige Baukörper heraus, die andere Fassade ist von großen Sonnenschutzvorrichtungen aus Metall geschützt. Umgeben wird das Haus von einem großen Garten, zur Straße hin bildet eine hohe, verglaste Einfassung den Abschluss.

► Jean Nouvel, die der Seine zugewandte Front des Musée du Quai Branly, 2007, Paris

Jean Nouvel hat hier ein lang gestrecktes, aufgeständertes Gebäude geplant, aus dem kleine, geschlossene, farbige Körper herausragen. Auf der verglasten Wand dagegen ist ein Wald gezeichnet. Im Gebäudeinneren befindet sich zwischen den Ausstellungsbereichen ein Rundweg, dessen Wände mit Leder bezogen sind.

Jean Nouvel, Vordach des Museo Reina Sofia, 2004, Madrid

Der regelmäßig geformte Erweiterungsbau des alten Museums erfährt durch das rote Vordach eine totale Veränderung. Das Vordach kragt weit vor und überdacht auch einen Innenhof; es verleiht dem Gebäude eine urbane Dimension.

DAS MEISTERWERK
INSTITUT DU MONDE ARABE IN PARIS

Der Bau dieses Kulturzentrums war der ausgesprochene Wunsch der französischen Regierung, die das Grundstück in bester Pariser Innenstadtlage zur Verfügung stellte. Finanziert wurde das Gebäude von 19 arabischen Staaten, Jean Nouvel gewann 1981 den ausgeschriebenen Realisierungswettbewerb. Er entwarf zwei Baukörper – einer ist im Grundriss leicht gebogen und folgt dem Flusslauf der Seine, der andere ist rechtwinklig angelegt. Zwischen den beiden Baukörpern befindet sich ein Innenhof. Alle Fassaden sind mit Glas verkleidet, wie es dem damaligen Formenkanon Nouvels entsprach. Die Transparenz der Fassaden symbolisiert die Transparenz der kulturellen Aktivitäten und ist Zeichen dafür, dass sich das Kulturzentrum zur Stadt hin öffnet. Die Südfassade ist mit 240 quadratischen, gleichgroßen Paneelen verkleidet, die mit eleganten Mustern in der Tradition der islamischen Architektur verziert sind und in der Mitte runde Öffnungen mit unterschiedlichen Durchmessern haben. Diese Öffnungen sind wie bei Fotoobjektiven mit einer Blende ausgestattet, und durch mechanische Einrichtungen verändert sich, je nach Lichteinfall, der Durchmesser der Blendenöffnungen.

Als Bezug zur islamischen Kultur befindet sich im Gebäudeinneren ein spiralförmiger Turm in Gestalt eines Minaretts.

Jean Nouvel und andere Architekten, Institut du Monde Arabe, Fassade (oben) und Fensterdetail (▶), 1987, Paris

Auf der Seine-Seite folgt die geschwungene Fassade dem Verlauf des Flusses. Die südliche Glasfassade (im Bild) besteht aus quadratischen Schmuckelementen und Paneelen, in die lichtempfindliche Elemente eingebaut sind, die sich durch den Lichteinfall verändern – eine entmaterialisierte, aber nicht transparente Fassade.

SANTIAGO CALATRAVA

Santiago Calatrava setzt bei den zeitgenössischen Architekten die Ingenieurstradition von Eiffel, Maillart, Nervi, Morandi und Frei Otto fort, die ihren Architekturen über die konstruktiven Erfordernisse hinaus Qualität verliehen haben. Calatrava, 1951 geboren, ist Spanier und studierte in Frankreich und in der Schweiz.

Er plante Brücken in Barcelona, Valencia, Sevilla, Bilbao, Dublin, Reggio Emilia und Venedig. Ihr Hauptmerkmal sind große tragende Bögen, die manchmal dramatisch geneigt sind, um die Kühnheit der Konstruktion zu betonen, und die Bodenplatten mit einem engmaschigen Netz von dicht gespannten Stützen und Spannseilen tragen. Der Architekt plante in Toronto einen Fußgängertunnel (1992) und die Überdachung des Gare do Oriente, des Ostbahnhofs in Lissabon (1998), deren hohe, baumartige Stützen komplexe Netzkonstruktionen tragen, sowie einen Bahnhof mit mehreren Ebenen in Zürich. Außerdem entwarf er den TGV-Bahnhof von Lyon (1994), dessen Halle an die Gestalt eines riesigen Adlers aus Stahl und Glas erinnert, der sich über den Gleisanlagen niedergelassen hat. Der Bahnhof wird von geschwungenen Betondächern überdacht. Der Flughafen Bilbao wird aufgrund seiner markanten Gestalt »la Paloma«, die Taube, genannt. Nach Santiago Calatravas Entwürfen ist außerdem der Torre de comunicacions de Montjuïc (1991), der Telekommunikationsturm, auf dem Gelände des Olympiastadions in Barcelona realisiert worden, dessen Gestalt an eine Kobra erinnert, die eine Antenne trägt. Auch die Gebäude der Ciutat de les Arts i de les Ciències, der Stadt der Künste und der Wissenschaften in Valencia – unter anderem ein Wissenschaftsmuseum, ein Planetarium und ein Schattenhaus – sowie die Bauten für den Olympia-Sportkomplex in Athen (2004) stammen von dem Architekten.

Besonderes Merkmal von Calatravas Arbeiten ist die Entwicklung von überdimensionalen Formen und Konstruktionen. Calatravas Architektursprache ist einzigartig und persönlich. Sie bezieht ihre Vorbilder aus zwei Quellen der spanischen Geschichte, die in Bezug auf die Entwicklung von Tragwerken besonders kreativ waren: die Spätgotik und das Werk von Gaudí.

Santiago Calatrava verwendet bei seinen Arbeiten keine Farben; alle Bauten sind in reinem, strahlendem Weiß gehalten, teilweise mit einigen schwarzen Akzenten. Die außergewöhnlichen Bauwerke in den Stadtlandschaften lassen sich dem Architekten unmittelbar zuordnen.

► **Oben**
Santiago Calatrava, Museo de las Ciencias Príncipe Felipe, 1996–2001, Valencia

In seiner Heimatstadt plante Calatrava das Gebäudeensemble der Ciutat de les Arts i les Ciències. Er schuf weiße Gebäude, die aus fantasievollen, sich wiederholenden Moduln komponiert sind.

► **Unten**
Santiago Calatrava, Brücken, 2002–2007, Reggio Emilia

Calatrava hat hier in Sichtweite drei Brücken mit parabelförmigen Bögen realisiert. Durch ihre starke grafische und konstruktive Wirkung werden sie zu Überraschungselementen in der Landschaft – und sind weit mehr als einfache Funktionsträger.

Santiago Calatrava, TGV-Bahnhof, 1994, Lyon

Der Bahnhof in Lyon ist eine Komposition aus lang gestreckten, überdachten Hallen für die Züge. Die Eingangshalle für die Passagiere erinnert an einen Adler mit gespreizten Flügeln. Das Gebäude ist ein Solitär, der die umgebende Landschaft beherrscht, mit hinsichtlich seiner Funktionen außergewöhnlichen Dimensionen. Der Bahnhof ist als Ständerbau errichtet, mit dicht gereihten tragenden Pfeilern, die die Konstruktionsmerkmale besonders unterstreichen und damit der unverwechselbaren Architektursprache Calatravas ihren Ausdruck geben.

TRADITION UND NEOREALISMUS

Nachdem die Postmoderne aus der Mode gekommen war, wurde der Bezug zur Tradition auf vielfältige Weise von Architekten unterschiedlicher Herkunft interpretiert. Der Spanier Rafael Moneo (geb. 1937) entwirft seine Bauten mit deutlichen Rückgriffen auf die klassische Antike. Nach einigen frühen Wohnhäusern in San Sebastián mit vielen unterschiedlichen Stilelementen zeichnen sich seine späteren Werke durch eine starke Ordnung aus. Die Fassade des Rathauses von Logroño (1993) wird durch in drei Reihen angeordnete Loggien zu einem Meisterwerk klassischer Proportionen. Das bekannteste und emblematischste Werk Moneos ist sein Museum für römische Kunst in Mérida (1982): ein großes Gebäudeschiff, das wie ein römisches Aquädukt oder eine Therme von gemauerten Klinkerbögen gegliedert wird. Diesen Stil entwickelt er bei zahlreichen Bauwerken weiter, mit Ausnahme des Kongresszentrums Kursaal in San Sebastián (1999), bei dem sich zwei Baukörper mit transparenter Fassade zum Wasser neigen.

Der herausragendste Vertreter des klassischen Neorealismus ist gewiss der Tessiner Mario Botta (geb. 1943). Seine weltweit bekannten, monumentalen Baukörper bauen auf den geometrischen Grundformen auf und werden durch Materialien wie Klinker und Naturstein charakterisiert. Fassadenöffnungen spielen nur eine untergeordnete Rolle, sie erscheinen lediglich als symmetrisch angeordnete Einschnitte in den Mauern. Ihr Design erinnert an grundlegende Piktogramme. Die Fassaden sind so bearbeitet, dass sie im Licht schimmern. Manchmal werden die Klinker auch mit Richtungswechsel eingebaut, oder die Fassaden bekommen durch einen Materialwechsel eine markante Zweifarbigkeit. Bei einigen Projekten arbeitete Botta mit leichten Pergolakonstruktionen in den Außenbereichen oder filigranen Vordächern aus Metall. Das erste programmatische Gebäude, mit dem er sich einen Namen gemacht hat, ist das zylindrische Wohnhaus in Stabio (1981). Ihm folgten weitere, auf streng geometrischen Grundformen basierende Einfamilienwohnhäuser, die vom stilistischen Ansatz her alle sehr radikal waren. Mario Botta hat in Tokio eine Kunstgalerie gebaut, in Lyon eine Bibliothek, in San Francisco das Museum of Modern Art und in Mailand die Nuova Scala. Außerdem konnte er zahlreiche beeindruckende Kirchenbauten realisieren, so die Chiesa di San Giovanni Battista in Mogno im Tessin, die Kathedrale von Évry in Frankreich, die Kirche Papa Giovanni XXIII in Seriate und die

► **Mario Botta, San Francisco Museum of Modern Art, 1995, San Francisco**

Dieses Gebäude ist beispielhaft für das Schaffen von Botta: ein geschlossener Baukörper, der mit harten Materialien – Klinker und Naturstein – verkleidet ist. Ein Einschnitt in der Mitte unterstreicht die Symmetrie des Gebäudes. Dieser Schnitt setzt sich bis zum Zylinderstumpf des Atriumbaus fort, der mit einem schwarz-weißen Streifenmuster aus der Mitte emporragt. Dieses Vokabular setzt Botta bei allen Entwürfen ein. Hier, in seiner großartigen Übersteigerung, entspricht es der Funktion des Gebäudes.

Rafael Moneo, Innenraumansicht des Museo Nacional de Arte Romano, 1982, Mérida, Spanien

Die Einfachheit der antiken Ausstellungsobjekte und archäologischen Fundstücke war die Inspirationsquelle für die Architektur dieses Museums, das Moneo wie einen Raum der klassischen Antike entworfen hat. Es erinnert mit den gemauerten, klinkerverkleideten Pfeilern und Bögen und den geschickt gesetzten Lichtschlitzen an den Innenraum einer Therme oder an eine große Zisternenhalle.

Chiesa del Santo Volto in Turin. In Tel Aviv hat er mit seinem typischen Formenkanon und den von ihm bevorzugten Materialien und Belichtungseffekten eine Synagoge gebaut.

In Italien gibt es viele hervorragende Architekten der klassischen Moderne. Dazu gehören Gino Valle (1923–2003) etwa mit den Wohnhäusern auf der Giudecca in Venedig oder Francesco Venezia (geb. 1944) mit seinen eleganten, minimalistischen Entwürfen für das Freilichttheater in Salemi und dem Museum in Gibellina. Vittorio Gregotti (geb. 1927) hat den Neorationalismus auf unterschiedliche Weise in vielen seiner Arbeiten sowohl in Italien als auch im Ausland neu interpretiert.

Das Werk von Oswald Mathias Ungers (1926–2007) ist sehr klassisch in seiner kompakten Geometrie und beeindruckt durch einfache Figuren. Seine Gebäude sind kompakt, symmetrisch und gediegen, wie Architekturen aus der römischen Antike oder des Manierismus. Ungers nimmt einige Anleihen bei Schinkel, ebenso bei der Architektur des Nationalsozialismus. Er schuf elementare, großmaßstäbliche Bauten wie das Hotel Berlin, bei dem er ein umschließendes Quadrat in ein kreisrundes Gebäude hineinsetzte, oder das Alfred-Wegener-Institut in Bremerhaven, dessen Baukörper einen etwas in die Länge gezogenen U-förmigen Grundriss aufweist und dessen Hof von einem gläsernen Satteldach überdacht ist. Außerdem hat er sehr verdichtete Bauwerke aus unterschiedlichen Elementen und große Gebäudekomplexe realisiert, wie das Wallraf-Richartz-Museum in Köln. Mit seinen frühen Entwürfen etwa für die Sozialwohnungen im Wohnviertel Grünzug-Süd in Köln und für das Studentenwohnheim in Enschede wollte er die Kom-

plexität der Städte vor Augen führen. Alle Elemente erscheinen einheitlich, da sie sorgfältig nach dem gleichen geometrischen Raster entworfen sind, dessen kleine Moduln über große Räume oder über die gesamte Fassadenfläche wiederholt werden. Ungers arbeitete mit starken Farbkontrasten, mit weißen Fensteröffnungen und dunklen Klinker- oder Ziegelfassaden wie in der traditionellen Baukunst in den Niederlanden oder den Ländern rund um die Ostsee. Er verwendete harte Materialien oder großflächige Verglasungen und fügte manchmal Zitate aus der Architekturgeschichte ein, wie Frontispize, Giebel, Türme oder Satteldächer. Einzelne Gebäude oder Gebäudekomplexe waren stets reich gestaltet. Einfache, elementare Baukörper sind durch verglaste Galerien miteinander verbunden, große symmetrische Baukörper mit kompositorischen Fragmentstücken ausgestattet, und überraschend verdrehen sich manchmal die Baukörper. Das Besondere bei Ungers sind seine Fassaden und Oberflächen, die durch die Wiederholung des immer gleichen Moduls auf dem gesamten Baukörper ihre charakteristische Gestaltung erfahren.

Arata Isozaki (geb. 1931) ist eine komplexe Architektenpersönlichkeit. Er begann seine Tätigkeit mit Bauten im Stil des Brutalismus, den er bei seinem Lehrer Kenzo Tange kennengelernt hatte. Dies war wohl auch seiner Zugehörigkeit zur Gruppe der Metabolisten in Japan zuzuschreiben. Aus dieser Zeit stammen das Ärztezentrum Oita Medical Hall (1960; Erweiterung 1972) und die Mädchenschule in Iwata (1964). In der Folgezeit tendiert der Formenkanon seiner Architekturen mehr zu klassischen und neorationalistischen Gestaltungen. Seine erklärte Bewunderung für Claude Nicolas-Ledoux und die Revolutionsarchitektur, die mit Kuben, Zylindern und Kugeln arbeitet, nimmt er in vielen seiner Arbeiten als Anregung auf, abstrahiert sie und verbindet sie mit Zeichen aus der japanischen Grafik. Die Arbeiten von Palladio sind ihm ebenfalls vertraut, wie man an den Zitaten der Villa Poiana im Fujimi Country Club in Oita (1974) feststellen kann. Arata Isozaki arbeitet mit einem konstruktiven Netz aus Kuben, die die geometrische Seele der Innenräume bilden. Er reiht diese Kuben aneinander oder positioniert sie teilweise etwas abgedreht zueinander und komponiert so seine Gebäude, wie das Kunstmuseum der Gunma Präfektur (1974) oder das Museum of Contemporary Art in Los Angeles. Hier überlagert er Tonnenge-

Oswald Mathias Ungers, Museum Kunstpalast, 2001, Düsseldorf

Hier hat Ungers zwei Baukörper nebeneinandergestellt – einen geradlinigen und einen halbrunden, die beide nach strengen geometrischen Regeln entworfen sind und in reizvollem Kontrast zueinander stehen. Das eine Gebäude ist schwarz und ruht auf einem weißen Sockel, sein Fensterraster ist weiß. Das andere Gebäude ist weiß. Die Fassaden beider Gebäude sind streng rhythmisch mit geschlossenen und offenen Moduln gegliedert. Dieser Rhythmus wird im Gebäudeinneren bei der Gestaltung der Decken und Fußböden fortgesetzt.

► Arata Isozaki, Ansicht der Kyoto Concert Hall, 1994, Kyoto

Bei diesem Gebäude kommt das reiche Architekturvokabular von Isozaki ebenso zum Ausdruck wie seine Fähigkeit, mit plastischen Formen umzugehen. Das konstruktive Raster aus aneinandergereihten Kuben ist in der Fassade sichtbar, sodass eine Kontinuität zwischen Innenraum und Außenansicht besteht. Unmittelbar an das rechtwinklige Gebäude ist ein Baukörper in Gestalt eines Kegelstumpfs angebaut, dessen Fassade durch horizontale Einschnitte gegliedert wird.

wölbe – auch eine Reverenz an Ledoux – und fensterlose Mauern, die nur von geometrischen Öffnungen unterbrochen werden, sowie große verglaste Flächen, die in kleine Quadrate unterteilt sind. In die konkav gerundeten Winkel fügt er geschwungene Wände ein. Manchmal lässt er das konstruktive Raster sichtbar und entwirft streng geometrische Wandabläufe, wie bei dem Rathaus von Kamioka (1978). Im Fall der Konzerthalle in Kyoto (1994) entwirft Isozaki eine leere Raumkonstruktion, in der die konzeptionelle Seele des Gebäudes zum Ausdruck kommt und in den Raum eindringt. Er verfügt so über eine reiche neorationalistische Architektursprache, in der man Zitate von Rossi, Ungers und auch Meier erkennt, mit denen er geschickt umgeht. Bei seinen neuesten Werken arbeitet Isozaki nicht mehr mit einem strengen dreidimensionalen Raster. Seine Hochhäuser bestehen aus tonnenförmigen, übereinandergestapelten Elementen und aus komplexen Gebäuden mit ellipsenförmigem Grundriss, wie die Nara Centennial Hall (2004).

Auch die letzte Arbeit von Aldo Rossi (1931–1997) ist ein streng neorationalistisches Bauwerk, dessen Geometrie als fast übertrieben zu bezeichnen ist. Bei seinem Entwurf griff er sogar auf die Postmoderne zurück und zitierte sie bei den Dreiecksgiebeln. Die Baukörper sind streng, die Fassaden glatt und die Elemente aus dem Architekturvokabular schlicht: Portici mit gemauerten Trennwänden, quadratische Fenster, Geländer in Form des Andreaskreuzes, zylindrische Säulen. Der Wohnkomplex Gallaratese in Mailand (1974) ist ein lang gestreckter weißer, kubischer Baukörper. Erschlossen wird der Wohnblock über Laubengänge, die hinter einer durchgehenden, der Fassade vorgelagerten Hülle verborgen sind. Sie wird von einem zwei Geschosse hohen Portikus und Fensteröffnungen gegliedert, die den Laubengang belichten.

Bei dem Friedhof in Modena (1980) plante er einen großen roten Kubus als urbane Metapher für die Totenstadt. Die gleiche Metapher griff er für den Innenraum des Teatro Carlo Felice in Genua auf. Der Zuschauerraum des Opernhauses ist wie eine Piazza angelegt, auf die sich die Balkone der Zuschauerränge öffnen. Die Seitenwände sind wie die Fassaden von Palazzi gestaltet. In seinem auf einem schwimmenden Floß errichteten Teatro del Mondo (1979) stellte er die spielerischsten und poetischsten Elemente seines Formenkatalogs zusammen. Er realisierte das Bühnenhaus über dem kubischen Theaterbau als verspielten achteckigen Turm, gekrönt von einem spitzen »Zipfelmützen«-Dach mit einer Wetterfahne, die sich im Wind dreht. Der Entwurf für die Biennale Venedig war mobil und provisorisch und damit fast der Gegenentwurf zu einem Gebäude.

RICHARD MEIER

Richard Meier (geb. 1934) ist der bekannteste Vertreter eines extremen Neorealismus. Er hat eine sehr persönliche Architektursprache entwickelt, deren Elemente vor allem Stahlkonstruktionen umfassen, mit quadratischen Paneelen verkleidete Fassaden und große Glasflächen, ebenfalls in Quadrate unterteilt. Seine Gebäude setzen sich aus kompakten Baukörpern zusammen, mit Trennwänden, Pergolen und Vordächern – alles in makellosem Weiß. Die Gestaltung der Bauten kann man als Konzentrat der Arbeiten von Le Corbusier, der Rationalisten, der De-Stijl-Bewegung und auch des Repertoires der Minimalisten interpretieren. Seine Formensprache stellt Meier bei jedem Gebäude neu zusammen. Er arbeitet mit massiven Körpern und Leerräumen, Auskragungen und Durchbrüchen, völlig unabhängig von der Typologie. Richard Meier ist international erfolgreich und realisiert Arbeiten in den Vereinigten Staaten und in ganz Europa. Mit dem Douglas House in Harbor Springs (1973), das isoliert in einem Wald unmittelbar am Ufer des Lake Michigan liegt, hat er einen einzigartig transparenten Baukörper geschaffen, der durch die Konstruktion in Modulen gegliedert wird. Eine andere hochinteressante Arbeit ist das Rathaus mit Bibliothek in Den Haag (1996). Charakteristisch ist hier ein großer, überdachter, annähernd trapezförmiger Innenhof, auf den die Büroräume orientiert sind. Die einzelnen Baukörper erscheinen sehr zurückhaltend. Das Getty Center bei Los Angeles (1997) ist ein weitläufiges, sich über mehrere Ebenen entwickelndes Ensemble mit Bürogebäuden, Schulen, Ateliers und Gartenanlagen, die mit öffentlichen Räumen verbunden sind. Die Gebäude passen sich dem hügeligen Geländeverlauf an. Die Gebäudegruppe mit den Museen ist um einen Platz konzipiert. Die weißen Fassaden wechseln mit fensterlosen Türmen aus Travertin ab, die eindeutig von der toskanischen Kleinstadt San Gimignano inspiriert sind. Die Kirche Dio Padre Misericordioso, die Meier anlässlich des Jubiläums 2003 in Rom baute, unterscheidet sich grundlegend. Das Kirchenschiff wird von drei gebogenen Schalen gefasst und einem rechteckigen Presbyterium. Ebenfalls in Rom baute er das Museum Ara Pacis (2006), eine bauliche Hülle für ein antikes Kunstwerk. Bei diesem Projekt gewinnt man den Eindruck, dass sich die Architektur aus Respekt vor dem römischen Denkmal besonders zurückhält.

► **Richard Meier, Kirche Dio Padre Misericordioso, 2003, Rom**

Diese Kirche wurde für das Jubiläum im Jahr 2000 errichtet. Das in Weiß gehaltene Konstruktionssystem, das aus Mauerwerk, Trennwänden, Pfeilern, quadratischen Mustern und Fenstern besteht, wird hier auf die drei gebogenen Schalen übertragen, die in gestaffelter Anordnung das Kirchenschiff umschließen. Das Thema »freie« Kirche ist in diesem Fall auch eine Frage der Formensuche, die sich in der äußeren Gestalt ausdrückt und für die intensive Forschungen über Konstruktionsmöglichkeiten erforderlich waren.

► **Richard Meier, Museu d'Art Contemporani de Barcelona, 1995, Barcelona, Spanien**

Das Gebäude beherrscht den Plaça dels Àngels. Zwischen den zwei Flügeln des gegliederten Baukörpers befindet sich der zentrale, komplett verglaste Bereich; dahinter liegt das Atrium, ein lichterfüllter Raum, der die gesamte Gebäudehöhe einnimmt.

Richard Meier, zentraler Platz des Getty Center, 1997, Los Angeles

Der zentrale Platz liegt zwischen den weißen, mit Quadratrastern gegliederten Ausstellungsgebäuden, die sich auf diesen Platz orientieren. Zum Architekturvokabular gehören hier auch die geschlossenen Türme aus Travertin, die an die Türme im toskanischen San Gimignano erinnern. In der Mitte befindet sich ein großer Springbrunnen.

MISERICORDIARUM PATRI DICATUM
AD FELICEM MAGNI IUBILAEI RECORDATIONEM
ANNI MM

MUSEU D'ART CONTEMPORANI DE BARCELONA

DER DEKONSTRUKTIVISMUS

1988 war das Jahr, in dem der Dekonstruktivismus offiziell seinen Einstand in der Architekturgeschichte gab. Damals organisierte die Tate Gallery in London eine Konferenz über Dekonstruktion, und einige Monate später inszenierte Philip Johnson zusammen mit anderen eine Ausstellung im New Yorker Museum of Modern Art (MoMa) mit dem Titel »Deconstructivist Architecture«. Johnson hatte bereits 1932 eine Schau über den International Style organisiert. In der Präsentation wurden nach 1980 entstandene Projekte verschiedener Architekten gezeigt, die sich in ihrer persönlichen Architektursprache zwar unterschieden, aufgrund ihrer Arbeitsphilosophie aber dennoch vergleichbar waren. Mit Dekonstruktion ist die Zerlegung von Architektur in ihre einzelnen Bestandteile gemeint, einerseits in die konstruktiven Elemente wie Pfeiler, Wände, Fenster und Decken und andererseits in die räumlichen Elemente. In der dekonstruktivistischen Architektur gibt es keine erkennbaren einzelnen Raumeinheiten mehr. Es bestehen unmittelbare Bezüge zum De Stijl, zur Malerei von Kandinsky und zu den russischen Konstruktivisten. Dekonstruktion ist aber auch kulturell zu verstehen – sie bedeutet das »Ende der Klassik«. Man bekennt sich nicht mehr zur Tradition, nicht einmal zur jüngsten, sondern folgt einem avantgardistischen Prinzip, das auf das Chaos in den Metropolen antwortet, das die Computerwelt und die Globalisierung zum Thema hat. Vordenker dieser Philosophie war der Franzose Jacques Derrida. Der Begriff bezieht sich nicht nur auf Architektur, sondern unter anderem auch auf Literatur, Ethik und Politik. Der Dekonstruktivismus hat auch eine ausgeprägte utopische Konnotation, und die Gestaltungen sind meist radikal und extrem. Im Zusammenfügen der zerlegten Teile finden die Architekten ihre eigene Sprache. Die Bezeichnung Dekonstruktivismus wird für sehr unterschiedliche Tendenzen verwendet. Vielleicht finden die Architekturkritiker in einigen Jahren zu einer differenzierteren Betrachtung.

Peter Eisenman, Koizumi-Sangyo-Gebäude, 1990, Tokio

Bei diesem Fassadendetail überlagern sich verschiedene geometrische Strukturen. Offene und geschlossene Fassadenteile wechseln sich in unregelmäßiger Folge ab. Die Fassade wirkt, nach dem Vorbild der russischen Konstruktivisten, wie in ihre Bestandteile zerlegt – »dekonstruiert«.

Peter Eisenman, Modell der Ciudad de la Cultura de Galicia, 2006, Santiago de Compostela, Spanien

Die neuesten Arbeiten von Eisenman sind großzügig und eher flach, die aneinandergereihten Baukörper in sich geschwungen. Sie wirken, als wären sie die Fortsetzung des leicht welligen Geländes.

Peter Eisenman (geb. 1932) ist amerikanischer Architekt, Autor und Lehrer. Er studierte unter anderem bei James Stirling in Cambridge. Bei einer Reise nach Italien beeindruckte ihn besonders die Casa del Fascio von Giuseppe Terragni in Como. Er beschäftigte sich daraufhin eingehend mit diesem Gebäude, insbesondere mit dem Konstruktionsraster, das er in seinen eigenen Arbeiten auf unterschiedliche Weise zerlegte und wieder zusammenfügte. Bei seinen ersten Einfamilienhausprojekten verwendete er ebenfalls sichtbare weiße Tragwerkkonstruktionen mit parallel angeordneten Trennwänden und spielte mit geschlossenen und offenen Fassaden. Später plante er Gebäude, bei denen sich mehrere geometrische Konstruktionsraster mit unterschiedlichen Neigungen überlagern und ineinandergreifen. Seine Gebäude zeigten nun geschlossene Fassaden und farbige Paneele, wie bei dem Wohn- und Geschäftshaus für die Internationale Bauausstellung 1984 in Berlin. Die Auflösung der Struktur betrifft das gesamte Gebäude. Entweder setzte Eisenman es mit zueinander verdrehten Körpern wieder zusammen, die außerdem in unterschiedliche horizontale Richtungen geneigt sind, oder er zerlegte es so, als hätte ein Erdbeben eingewirkt, wie beim Koizumi-Sangyo-Gebäude (1990) und, hier besonders deutlich, bei der Hauptverwaltung von Nunotani (1992) in Tokio.

Der Architekt beschäftigte sich intensiv mit dem Thema Zerstörung, der Zerlegung und dem Wiederzusammensetzen von Formen. In den letzten Jahren konzentrierte er sich mehr auf niedrige, großflächige Bauwerke, die aus mehreren aneinandergesetzten Baukörpern bestehen. Die Baukörper sind jeweils in Fragmente zerlegt, untereinander verschieden und in unterschiedlichen Farben ausgeführt. Sie erwecken den Eindruck, als ob die Geländebewegung von der Schwingung der Dächer proportional aufgenommen würde. Dies lässt sich an verschiedenen Projekten ablesen, etwa dem Kongresszentrum in Columbus, Ohio (1993), seinem Entwurf für die Jubiläumskirche in Rom (2000), der von ihm geplanten Ciudad de la Cultura de Galicia in Santiago de Compostela (2006) und dem Denkmal für die ermordeten Juden Europas, dem Holocaustdenkmal in Berlin (2005). Hier setzte er auf einer 19 000 Quadratmeter großen Fläche 2700 leicht geneigte Betonquader unterschiedlicher Höhe nebeneinander und schuf so eine bewegte Landschaft.

ZAHA HADID

Das dekonstruktivistische Vokabular der aus dem Irak stammenden britischen Architektin Zaha Hadid (geb. 1950) unterscheidet sich grundlegend von dem Peter Eisenmans. Sie ist Malerin, Architektin und Architekturprofessorin. Ihr Debüt gab sie mit Architekturentwürfen, die sie selbst als von den russischen Suprematisten beeinflusst erklärte. Bekannt wurde Hadid mit ihrem berühmten Entwurf für den Freizeit- und Erholungspark The Peak Leisure Club in Hongkong, der bei dem Wettbewerb 1983, an dem 500 Mitbewerber teilgenommen hatten, zwar den ersten Preis gewann, aber nicht realisiert wurde. Ihre Entwürfe haben immer etwas Fließendes, sie zeigen Linien in Bewegung, die sich zu radial angeordneten, lang gestreckten und frei im Raum schwebenden Körpern fügen. Zaha Hadid versteht Architektur als Materialisierung eines dynamischen Flusses im Raum.

Die ersten Entwürfe, die Hadid realisierte, waren das Feuerwehrgerätehaus für die Firma Vitra (1993) und ein Pavillon auf der Landesgartenschau (1999), beide in Weil am Rhein. Die Bauten sind lang gestreckt mit einem geschwungenen Grundriss und diagonal verlaufenden Wände, die in den Raum hineinprojiziert sind: Formen, die zwar mit dem Gelände verbunden, aber weder an einen Ort noch an eine Funktion gebunden sind. Die weltweite Anerkennung hat dazu geführt, dass Hadid heute nicht mehr mit einer konstruktiven Linienführung arbeitet, sondern mit plastischen Körpern, die den Strömen im Raum mit komplexen, neuen, organischen Formen folgen oder sich nach ihnen richten. Es sind Formen, die in ihrer Dynamik wie gefrorene Meereswellen wirken und sich in glatten Oberflächen – Beton, Metall oder Kunstharz – materialisieren, die von unregelmäßig angeordneten, ungewöhnlich gestalteten Fensteröffnungen unterbrochen werden. Zaha Hadid hat in der Zwischenzeit eine Vielzahl von Projekten realisiert – von dem Bahnhof für Hochgeschwindigkeitszüge Neapel-Afragola (noch im Bau) bis zum MAXXI, dem Nationalen Museum der Künste des 21. Jahrhunderts in Rom (2010). Auch das Zentralgebäude im BMW-Werk in Leipzig (2005), das Phaeno-Wissenschaftszentrum in Wolfsburg (2005) und das Spittelau-Viadukt mit Wohnungen, Büros und Ateliers in Wien (2005) stammen von Hadid. Zahlreiche andere internationale Projekte sind noch in der Planungsphase, wie das Museum für frühgeschichtliche sardische Nuraghenkultur und für zeitgenössische Kunst auf Sardinien (1. Preis 2006). Hier ist die Architektur durch keine formalen Grenzen mehr eingeschränkt, verliert jeglichen konstruktiven Bezug und wird zu einer großformatigen Skulptur. Es sind Arbeiten von großer optischer Eindrücklichkeit und einem starken formalen Charakter. Bisweilen werden Hadids Arbeiten wegen der Bau- und Unterhaltungskosten und ihrer schwierigen Nutzbarkeit kritisiert.

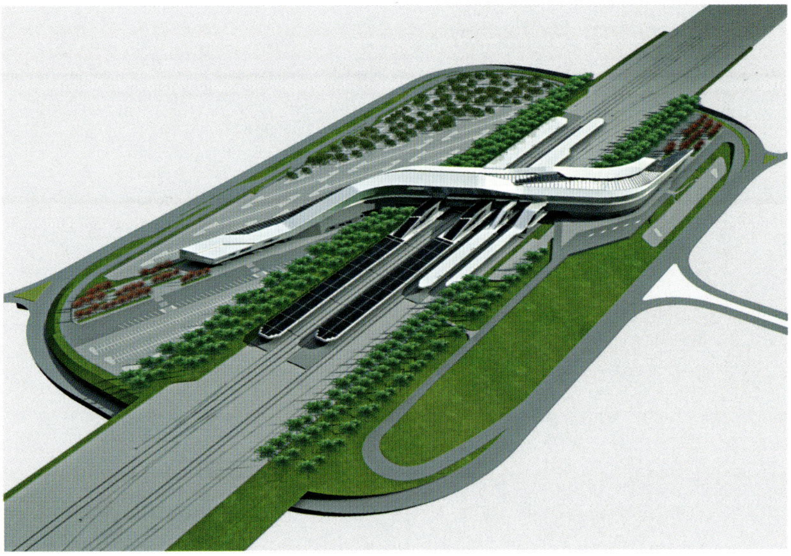

Zaha Hadid, Modell für den TAV-Bahnhof Afragola, 2003, Neapel

Hadids Wahl bei dem Projekt für den Hochgeschwindigkeitsbahnhof Neapel-Afragola fiel auf eine S-Form, um die Bewegungen der Reisenden aufzunehmen: Sie interpretiert die komplexen Verkehrsströme mit einem fließenden, aber gegliederten Gebäude. Die Öffnungen in der Fassade sind unregelmäßig gesetzt, als ob hier das Bewegungsdiagramm der Nutzer aufgenommen würde.

Oben
Zaha Hadid, Brücke für die Expo in Zaragoza, 2008, Spanien

Auf der für die Expo errichteten Brücke fließen mehrere Wege zusammen; sie erscheint als organische Interpretation einer überdachten Brücke. Sie ist mit dünnen Blechen verkleidet und wird zu einem Tunnel, in den nur einige schräge Fensteröffnungen eingelassen sind.

Zaha Hadid, Innenraumansicht des Lois & Richard Rosenthal Center for Contemporary Art, 2003, Cincinnati, Ohio

Die Philosophie des Dekonstruktivismus verlangt nach dynamischen und zugleich strengen Räumen, ohne jeden Bezug zur Geometrie. Es geht um Räume, die Bewegung und – sowohl außen als auch innen – eine Vielfalt von Sichtperspektiven vermitteln.

FRANK O. GEHRY

In einer Zeit, in der sich Bilder und ihre figurative Aussagekraft global verbreiten, gibt es eine Reihe von Künstler-Architekten, die weltweit tätig sind. Frank O. Gehry (geb. 1929) nimmt unter ihnen eine Sonderstellung ein. Seine Grundauffassung von Architektur ist die Zerlegung der Gebäude in geometrische Grundformen, wie Zylinder, Kuben und Pyramiden, die er nebeneinandersetzt und jede in ihrer Eigenheit mit einer anderen Farbe oder einem anderen Material akzentuiert. Er verweigert sich der konstruktiven, formalen und chromatischen Einheitlichkeit, wie sie in der Moderne üblich war. Dies zeichnet schon seine ersten Wohnhäuser aus, darunter auch sein eigenes Wohnhaus in Santa Monica (1978), das sich inmitten einer Siedlung von gleichförmigen Einfamilienwohnhäusern nicht nur durch die Form, sondern auch durch seine außergewöhnliche Wohnqualität unterscheidet. Es ist eine Form des Wohnens, die im Einklang mit der aktuellen Kunstszene in Kalifornien steht, mit der Pop-Art und ebenso mit der Verspieltheit der Konsumgesellschaft. Dies kommt in seinem Gebäude, dem temporären Sitz der Werbeagentur Chiat/Day in Venice, Kalifornien (1991), zum Ausdruck, bei dem der Eingangsbereich von einem überdimensionierten Fernglas markiert wird. An dem Projekt war der für seine großmaßstäblichen Objekte bekannte Künstler Claes Oldenburg beteiligt.

Bei seinen späteren Bauten wandte Gehry die gleichen Prinzipien seiner frühen Projekte an, nun aber in großen Dimensionen, etwa bei dem unter dem Namen Ginger und Fred bekannten Bürogebäude in Prag sowie bei seinen Pro-

Frank O. Gehry, Musée du Cinéma, 1985, Paris

Dieses Gebäude lässt sich mit dem Begriff »informal« bezeichnen. Es besteht aus nebeneinandergesetzten und miteinander verschachtelten Baukörpern in geometrischen Grundformen und bildet eine komplexe Gebäudelandschaft, ohne irgendwo einen besonderen »Hingucker« zu haben. Die farbliche Zurückhaltung ist für Gehry eher ungewöhnlich.

jekten in Deutschland. Es handelt sich um komplexe Baukörper, in die er unterschiedliche geometrische Formen einfügt, die allerdings so zerlegt sind, als wären sie durch ein Erdbeben zerstört worden. So positioniert er Fenster in die großen auskragenden Simse, baut kühne Vordächer und kippende Pfeiler. Bei dem Stata Center in Boston, Massachusetts (2006), verleiht Gehry dem Gebäude mit der Verwendung unterschiedlicher Materialien und dem Einsatz verschiedener Farben die Komplexität eines ganzen Häuserblocks.

Zeitgleich plante er das Guggenheim Museum in Bilbao (1997) und dessen kleinere Kopie, die Walt Disney Concert Hall in Los Angeles (2003): gigantische, mit Blech verkleidete Gebäudeskulpturen aus fensterlosen, zum Teil abgerundeten, übereinandergestapelten und ineinandergesteckten Körpern, die zu dramatischen Wahrzeichen in der urbanen Landschaft geworden sind.

Hier wird der Dekonstruktivismus auf die Spitze getrieben, und die Bauformen stehen in keinerlei Bezug mehr zur traditionellen Architektur. Sie dienen nur noch zur Verherrlichung der formalen und technischen Machbarkeit.

Frank O. Gehry, Walt Disney Concert Hall, 2003, Los Angeles

Dieses Gebäude gehört zum kulturellen Zentrum von Los Angeles. Der Sitz der Philharmonie ist ganz in der Nähe des Hochhauskomplexes One California Plaza, wozu auch das Museum of Contemporary Arts von Isozaki gehört; ebenso ist die Kathedrale von Moneo nur wenige Blocks entfernt. Gehry hat die vom Ansatz traditionell gestaltete Konzerthalle mit unzusammenhängenden und unregelmäßigen Metallelementen verkleidet. Mit dieser urbanen Metallskulptur schuf er bewusst einen Kontrast zu den regelmäßig gestalteten Gebäuden in der unmittelbaren Umgebung.

DAS MEISTERWERK
DAS GUGGENHEIM-MUSEUM IN BILBAO

Das Guggenheim-Museum ist Ergebnis eines Prozesses der Zerlegung von Bauten in einzelne Körper, den Gehry 1989 mit dem Psychiatrischen Institut der Universität Yale in New Haven und dem Wohnhaus Schnabel in Brentwood (1989) begonnen hatte. Während er die Körper dort zerlegte und voneinander trennte, setzte er sie bei seinem Museumsgebäude (1989) für Vitra in Weil am Rhein wieder zusammen. Die Gebäude sind Ergebnis komplizierter Konstruktionsstudien mithilfe des Computers. Das Guggenheim-Museum markiert den Höhepunkt von Gehrys Schaffen. Das große Ensemble wirkt wie eine überdimensionierte Skulptur, die mit ihrem geschlossenen Körper die Landschaft beherrscht. Aufgrund seiner Gestalt, seiner Dimension und der glänzenden Hülle ist das Museum zum Wahrzeichen der Stadt geworden und hat ihr zu internationalem Ruhm verholfen. Das Gebäude ist raumgreifend, bezieht einen Teil der Stadt mit ein und verändert Plätze, den Rio Nervión und einige alte Stadtquartiere. Dem komplexen Äußeren entspricht die Aufteilung im Inneren des Gebäudes mit großen Leerräumen und Ausstellungsräumen.

▶ Frank O. Gehry, Außenraumdetail des Guggenheim-Museums, 1997, Bilbao

Frank O. Gehry, Ansicht des Guggenheim-Museums, 1997, Bilbao

Die Planung dieses Gebäudes konnte nur mithilfe hochkomplexer Computerprogramme durchgeführt werden. Man kann es als Interpretation und Repräsentation der heutigen westlichen Gesellschaften lesen. Der Bau ist für das Stadtbild von großer Bedeutung, da er über eine Straße gebaut ist und damit an eine andere anschließt; auch einen Teil des Rio Nervión bezieht er mit ein. Zum Museum gehören außerdem zwei benachbarte Plätze.

DANIEL LIBESKIND

Der aus Polen stammende Daniel Libeskind (geb. 1946) war, wie Zaha Hadid, zu Beginn seiner Berufstätigkeit Mitarbeiter bei Rem Koolhaas. Seine Architektursprache zeichnete sich allerdings zunächst durch komplexe Entwürfe und eine kontinuierliche Bewegung von Linien aus, die durch ihre Unterbrechungen an Dramatik gewinnen. 1987 gewann Libeskind einen Wettbewerb für das Wohnungsbauprojekt City Edge in Berlin, ein 450 Meter langes Gebäude, das als kolossale Mauer gedacht war. Den größten Ruhm bescherte ihm das 1999 fertiggestellte Jüdische Museum in Berlin. Der Grundriss des Gebäudes entspricht einem Zickzack und wirkt wie ein Blitz. Libeskind hatte diese Struktur bereits in Genf (1988) und in Mailand (1986) bei Ausstellungen gezeigt. Der lineare Baukörper des Museums ist mit glänzendem Blech verkleidet, die Fenster sind wie Schnitte, Kratzer oder Wunden in die Fassade eingeschnitten. Das Gebäudeinnere erscheint wie ein Tunnel, der von einem sich widerspiegelnden Licht auf geheimnisvolle Weise belichtet wird. Im Anschluss an seinen Erfolg mit dem Museumsprojekt erhielt Libeskind zahlreiche neue Planungsaufträge. Für das Imperial War Museum in Manchester (2003) plante er zwei niedrige, mit dynamisch gewölbten Dächern überdachte Baukörper, zwischen denen ein vertikaler, fensterloser Turm emporragt. Beim Royal Ontario Museum in Toronto (2007) lässt er diagonal angeordnete Prismen, die seitlich große Fensteröffnungen aufweisen, ineinandergreifen. Auch die Erweiterung des Denver Art Museum (2006), das Jüdische Museum in Kopenhagen (2003) und das Wohl Centre in Tel Aviv (2005) gehören zu den Folgeaufträgen.

Daniel Libeskind, Luftaufnahme des Jüdischen Museums, 1999, Berlin

Der Grundriss des lang gestreckten, rechteckigen, ganz mit Metall verkleideten Baukörpers hat die Form eines Zickzacks und erinnert an einen Blitz. In die Fassade sind die Fenster wie symbolische Schnitte oder Schürfwunden hineingeschlagen. Mit diesem Projekt ist Libeskind weltweit berühmt geworden.

Daniel Libeskind, Royal Ontario Museum, 2007, Toronto

Dies ist eines von vielen Museen, die Libeskind nach seinem Berliner Projekt realisiert hat. Seine Ausdruckskraft rührt daher, dass er zwar geometrische Formen verwendet, sie aber in ungewöhnlichen Konstellationen anordnet. Einheitlichkeit erzielt er durch die Verwendung nur eines Materials. In diesem für Libeskind ungewöhnlichen Bau machen die vielen Öffnungen die innere Struktur außen sichtbar.

DIE MINIMALISTEN IN JAPAN

Wesentliche Merkmale der minimalistischen Architektur sind Ruhe und Ordnung; sie will für die Ausgeglichenheit des Menschen sorgen und wendet sich gegen das Chaos der Städte, den Lärm und das Übermaß an Kommunikation. Minimalistische Gebäude zeichnen sich durch einfache Formen und die Reduzierung der einzelnen Elemente aus. Der Minimalismus sucht mit möglichst wenigen Mitteln ein Gleichgewicht des Ausdrucks herzustellen, will in aller Zurückhaltung eine ortsgebundene Architektur schaffen und ist vom Ansatz eng mit der Land Art verbunden.

Die Ausdruckskraft des Minimalismus liegt nicht in der Explosion der Bilder, einer übertriebenen Konstruktion oder der Vielfalt historischer Zitate, sondern er bezieht seine Stärke aus der Selbstbeschränkung. Diese Grundhaltung wird weltweit von mehreren Architekturschulen vertreten. Man findet sie mit gewissen Abweichungen sowohl in Japan als auch in Portugal und nicht zuletzt bei einigen Architekten in Schwellenländern wie Ägypten und Brasilien.

Der Minimalismus ist eigentlich die Architekturtendenz, die sich am wenigsten für die Globalisierung eignet, denn er ist frei von modischen Zügen und entwickelt gerade dadurch seine besondere Qualität. Minimalismus lässt sich nur schwer mit Glamour verbinden und wird vielleicht deshalb von der zeitgenössischen Architektur nicht so hoch gehandelt. Der bekannteste Vertreter ist der Japaner Tadao Ando (geb. 1941), ein Poet der kleinen Räume, der, aus der Zenkultur kommend, Architektur und Natur vereint. Er umgibt seine Bauten mit einer Wasserfläche, als Zeichen für Reinheit und um das Bild des Gebäudes zu reflektieren. Durch die Wasserfläche wird auch das Licht bedeutsamer und die Form stellt sich besser dar. Ando verwendet nur Sichtbeton und lässt die Strukturen der Schalungselemente stets sichtbar. Er setzt markante Fensterkreuze und verzichtet auf jegliche Dekorelemente. Wände, Fassaden und Innenräume vibrieren im Licht, das durch ungewöhnliche Schlitze im Mauerwerk einfließt. Insbesondere in der Lichtführung ist Ando ein absoluter Meister.

Unten links
Tadao Ando, Detail des Garden of Fine Arts, 1994, Kyoto

Über eine Rampe gelangt man in einen abgesenkten Raum, der Weg dorthin wird von Reproduktionen weltbekannter Gemälde begleitet. Das laute Rauschen von zwei Wasserfällen lässt den Besucher verstummen. Zweck dieses Bauwerks ist es, die Kunst zu veranschaulichen und über den Weg der Kunst zur Meditation zu führen.

Unten rechts
Tadao Ando, Kirche auf dem Wasser, 1988, Tomamu, Japan

In diesem Gebäude konzentriert sich Andos Architekturkanon: ein einfacher Baukörper in unmittelbarer Nähe eines großen Wasserbeckens, eine schmucklose Umfassungsmauer auf zwei Seiten, umschlossen von einem Wäldchen. Als Material wählte Ando Sichtbeton. Die Kirche wird von mehreren Konfessionen genutzt, doch im Wasser spiegelt sich ein Kreuz als markantes Symbol für den religiösen Ort. Es ist eine Architektur der Stille, ein meditativer Ort, eng verbunden mit dem Zenbuddhismus.

Yoshio Taniguchi, Blick in das Atrium des MoMa, 2006, New York

Taniguchi hat ein gebäudehohes Atrium realisiert, der Rundweg führt an den Seiten hinauf zu den unterschiedlichen Ebenen. Auf dem Dach ist ein freier Raum als Garten angelegt, den die Besucher zwar nicht betreten können, der aber von den Bewohnern der umgebenden Hochhäuser gut eingesehen werden kann.

Seine Vorbilder sind Le Corbusier und vor allem Louis Kahn. Er kennt die minimalistischen Arbeiten von Sol LeWitt und die Skulpturen der Arte Povera. Außerdem schöpft er aus der Zeichensprache der japanischen Grafik und der Mingkultur. Seine Arbeiten sind individuell und unverwechselbar. In Kobe hat Ando 1986 eine Hochzeitskapelle entworfen: einen kleinen, halb geschlossenen Baukörper, dessen offene Fensterfront sich auf einen kleinen Gartenraum mit dem schlichten Campanile öffnet. 1988 baute er die sogenannte Kirche auf dem Wasser in Tomamu, deren Bau sich auf ein flaches Wasserbecken öffnet. 1989 realisierte Ando die winzige Kirche des Lichts, die durch einen kreuzförmigen Einschnitt in der Wand hinter dem Altar belichtet wird.

Aus dem umfangreichen Werk von Ando mit zahlreichen Einfamilienwohnhäusern, Sakralbauten und Ausstellungen sollen an dieser Stelle nur einige wenige bedeutungsvolle Gebäude aufgeführt werden. Der Garden of Fine Arts in Kyoto (1994) ist ein abgesenkter Gartenraum, in den man langsam hinuntergeht, nur begleitet vom Rauschen der Kaskaden, die vor den Wänden herunterströmen. Das Aomori Contemporary Art Centre in Aomori (2004) ist in einen Wald hineingebaut und umschließt eine in der Mitte liegende Wasserfläche: eine Architektur der Stille. In der Folge plante Ando auch Gebäude, die völlig ins Erdreich eingelassen sind. In krassem Gegensatz dazu steht der Japanische Pavillon, den Ando für die Expo 1992 in Sevilla gebaut hat, eine Konstruktion aus Brettschichtholz, wie ein traditioneller japanischer Tempel. Die Wurzeln dieser minimalistischen Architektur liegen in der japanischen Kultur, und viele Architekten orientieren sich daran.

An dieser Stelle sei zumindest Yoshio Taniguchi (geb. 1937) erwähnt, der im Jahr 2006 den Erweiterungsbau des Museum of Modern Art (MoMa) in New York realisierte. Auch bei seinen anderen Gebäuden gelingt es ihm, einfache Formen in großen Dimensionen umzusetzen.

DIE MINIMALISTEN IN PORTUGAL

Die Schule der portugiesischen Minimalisten liegt in Porto. Ihr Begründer war Fernando Távora (1923–2005), zu seinen Nachfolgern zählen Álvaro Siza Vieira (geb. 1933) und Eduardo Souto de Moura (geb. 1952). Fernando Távora entdeckte die traditionelle portugiesische Architektur neu und schrieb einen Standardessay zu diesem Thema: *Da Organização do Espaço* (1962, dt. *Die Organisation des Raumes)*, in dem er besonders auf die Konstruktionstechniken, die Details und die Einfachheit der traditionellen portugiesischen Bauweise einging. Diese Elemente sind bereits bei seinen frühen Bauten deutlich sichtbar, etwa der Markthalle von Santa Maria da Feira (1959) und der Tennishalle in Matosinhos (1960). Sie haben sich bis in sein Spätwerk erhalten. Álvaro Siza Vieira war Távoras Schüler und vereinigt die Neuinterpretation der Tradition mit einer profunden Kenntnis der Meister, denen er sich verbunden fühlt – insbesondere dem Niederländer J. J. P. Oud und dem Finnen Alvar Aalto. Siza besitzt eine außerordentliche Fähigkeit, den Ort zu deuten, sei es eine Stadt oder eine Landschaft, in die er seine Architektur einfügt. Seine Gebäude sind von entwaffnender Schlichtheit, schmucklos, fast primitiv, aber mit raffinierten Details. Seine eindeutig mediterran anmutenden Einfamilienwohnhäuser und auch seine Sozialwohnungsbauten haben stets einen klaren Bezug zur Moderne. Die von ihm geplante Architekturfakultät von Porto (1985) besteht aus einer Reihe kleiner weißer kubischer Gebäude, die einerseits Le Corbusier zitieren und andererseits einen Willen zu größtmöglicher Einfachheit bekunden. In den Sozialsiedlungen – ein ganz neues Thema in Portugal –, zum Beispiel in der Quinta de Malagueira in Evora (1977), plante Siza sehr kleine Wohnhäuser, die sich perfekt in die Landschaft und die bestehende Baustruktur einfügen. Nachdem ihn die internationale Architekturkritik mit Lob überhäuft hatte, erhielt er auch Aufträge in Deutschland und den Niederlanden. In Berlin realisierte er das Wohnhaus Schlesisches Tor, bekannt als »Bonjour Tristesse« (1984), dessen strenge Linienführung durch die abgerundete Ecke und die hohe, bogenförmige Attika gemildert wird. Bei seinen Wohnhausprojekten in den Niederlanden, wie in dem Stadtviertel Schilderswijk in Den Haag (1988), verwendet er gemäß der holländischen Bautradition zum ersten Mal Klinker.

Für die Arbeiten des Portugiesen Eduardo Souto de Moura ist ebenfalls der architektonische Kontext von besonderer Bedeutung, wie man an seinem Stadion in Braga (2004) sehen kann. Es ist ein eher technologisch wirkendes Bauwerk, das zwischen zwei Hügel eingepasst ist – ein wahres Meisterwerk.

► **Oben**
Álvaro Siza Vieira, Portugiesischer Pavillon auf der Expo, 1998, Lissabon
Der Pavillon, der sich am Eingang der Expo befindet und wie ein Portal öffnet, ist als Segel zwischen zwei einfachen Baukörpern konzipiert und überdacht einen großen offenen Raum, hinter dem man das Meer erkennen kann: eine luftige, leichte Überdachung, mit der die Wechselwirkung von Architektur und Landschaft zum Ausdruck gebracht wird.

► **Unten**
Eduardo Soto de Moura, Stadion, 2004, Braga, Portugal
Das Stadion ist mit einem hohen Grad an konstruktiver und funktionaler Technologie ausgestattet. Die minimalistische Komponente dient hier dazu, den starken Kontext noch zu betonen. Die Sitzreihen liegen einander gegenüber und ruhen auf den Abhängen der Hügel.

Álvaro Siza Vieira, Entwurf für die Architekturfakultät Porto, 1986, Porto
Statt eines einzigen Gebäudeblocks entschied sich Vieira für den Bau von vier fast kubischen Gebäuden, die sich am Rand eines Hügels aneinanderreihen und durch unterirdische Gänge miteinander verbunden sind. Wenn man die Nutzung berücksichtigt, kann man wohl behaupten, dass sich Vieira stark an der rationalistischen Architektur orientierte.

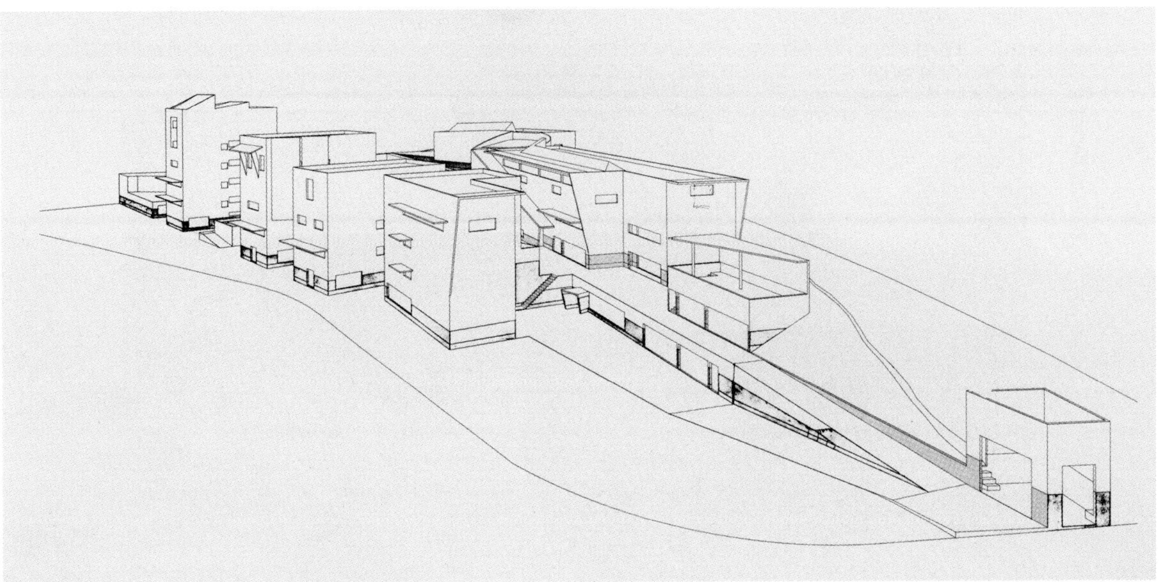

PETER ZUMTHOR

In der minimalistischen Architektur nimmt der Schweizer Peter Zumthor (geb. 1943) eine Sonderstellung ein. Er ging bei seinem Vater, einem Möbelschreiner, in die Lehre und entwickelte eine große Sensibilität für das Material Holz. Seine Architektur zeichnet sich durch schlichte Baukörper aus, die er wie Kunstobjekte in die Landschaft einfügt. Die von ihm geplante Überbauung der archäologischen Fundstätte in Chur (1986) ist ebenso wie sein eigenes Atelier- und Wohnhaus im schweizerischen Haldenstein (2005) mit schmalen Holzprofilen verkleidet. Die Kapelle Sogn Benedetg in der Gemeinde Sumvitg (1988) erscheint als ein kleiner Schrein, der ganz mit Holzschindeln verkleidet ist, und steckt voller Symbole.

Den Gebäudekorpus des Kunsthauses Bregenz (1997) umhüllen Glasplatten, die das Licht filtern und es indirekt in die Ausstellungsbereiche leiten. Die Therme in Vals (1996) ist ein geschlossener monolithischer Block aus grauem Gneis mit tiefen Einschnitten, auch hier wird das einfallende Licht gefiltert. Diese Architektur regt zum Schweigen und zur Reflexion an.

Peter Zumthor, Therme, 1996, Vals, Schweiz

Dieses große Thermalbadgebäude hat der Architekt als regelmäßigen Baukörper ausgeführt. Die Öffnungen in den Fassaden entsprechen den Fenster- und Türöffnungen. Die Innenräume und die Fassaden sind vollständig mit grauem Gneis verkleidet, der außerordentlich wirkungsvoll ist. Er betont die Kompaktheit des Baukörpers und unterstreicht die Taktilität des Materials.

Links

Peter Zumthor, Kunsthaus, 1997, Bregenz

Der erste Preis für den Bau des Kunsthauses ging an Peter Zumthor. Das Gebäude liegt am Ufer des Bodensees und wurde 1997 fertiggestellt. Es handelt sich um einen rechteckigen Baukörper, der mit Glaspaneelen verkleidet ist, die das Tageslicht filtern. Es fließt durch Öffnungen in den Mauern in die vier Ausstellungssäle.

Peter Zumthor, Kapelle Sogn Benedetg mit Campanile, 1988, Sumvitg, Schweiz

Bei dieser kleinen Kirche sind die Proportionen den Alpenwiesen angepasst. Sie ist der Tradition gemäß vollständig mit Holzschindeln verkleidet. Die Kirche steckt voller Symbole: So hat der Grundriss die Form eines Fisches, auf griechisch »Ichthys«, Akronym für »Jesus Christus Gottes Sohn und Erlöser«, und die Decke ist wie der Rumpf eines Schiffes gestaltet und symbolisiert das Fischerboot des Petrus.

HEDONISTISCHE ARCHITEKTUR

Der Bruch mit der figurativen Tradition durch den Dekonstruktivismus, die neuen formalen Ideen und der Einsatz von kräftigen Farben in der Postmoderne haben den Weg für eine völlig freie, verspielte, bunte, vielleicht sogar kitschige Architektur frei gemacht. Es entstanden originelle Arbeiten, die in keiner Weise in einen vorhandenen baulichen Kontext eingefügt werden können oder gar wollen. Es sind Gebäude, die keinem Topos zuzuordnen sind, ausdrucksstarke Wahrzeichen in der urbanen Landschaft. Bei dieser Architektur ist das Erscheinungsbild das Wichtigste – mit Bezügen zu figurativer Kunst und Design, die alles andere in den Hintergrund drängen. Sie darf sogar den Eindruck von Flüchtigkeit und Vergänglichkeit hinterlassen.

Der Eklektiker Arata Isozaki hat einige Bauten für die Walt Disney World im amerikanischen Orlando (1991) geplant. Der zentrale Bereich wird von einem konischen Kegelstumpf mit einem exzentrisch auskragenden Dach beherrscht. Dieses Gebäude ragt zwischen kubischen und trapezförmigen Baukörpern empor. Seine Flächen sind in unterschiedlichen Farben angelegt. Außerdem erkennt man ein ionisches Kapitell, dessen verformte Windungen an die Ohren von Mickey Maus erinnern.

Alessandro Mendini (geb. 1931) hat zusammen mit anderen Architekten das Groninger Museum (1994) entworfen. Es ist ein großmaßstäbliches Gebäude, das aus zahlreichen ungewöhnlich gestalteten und sehr bunten Baukörpern zusammengesetzt ist. Seinen besonderen Stellenwert erhält das Bauwerk dadurch, dass es sich auf einer Insel in einer Wasserfläche befindet, sich schon allein deshalb von seinem baulichen Umfeld unterscheidet und man es bereits von Weitem wahrnehmen kann.

Unten links
Arata Isozaki, Gebäude für das Walt Disney World Resort, 1991, Orlando, Florida
Die Zusammenstellung der Baukörper spiegelt aufgrund ihrer geometrischen, aber unregelmäßigen Grundformen und dem Nebeneinander der Farben die naive und fröhliche Welt der Comics wider. Die Schneckenwindungen eines riesigen ionischen Kapitells veränderte Isozaki so, dass sie zu den runden Mäuseohren von Micky Maus werden.

Unten rechts
Philippe Starck, Hauptsitz des Brauereikonzerns Asahi Beer, 1989, Tokio

Gemeinsam mit anderen Architekten, aber vom gleichen Geist getragen, plante Mendini auch künstlerische Installationen in einigen U-Bahn-Stationen in Neapel. Die Fassadengestaltungen beziehen das unmittelbare Umfeld mit ein und verleihen dem Raum Bedeutung und ein spirituelles Element.

Philippe Starck (geb. 1949) ist ein ausgesprochen kreativer, exzessiver Designer. Er hat zahlreiche Hotelrenovierungen in New York und Miami durchgeführt. Für den japanischen Bierbrauer Asahi Beer in Tokio baute er 1989 ein Gebäude, das zum Wahrzeichen der Firma wurde: einen umgekehrten Pyramidenstumpf mit abgerundeten Profilen, ganz in Schwarz mit winzig kleinen, runden Fenstern. Das Dach wird von einer »Goldenen Flamme« gekrönt. Das Gebäude soll einen Krug mit Bier und Schaumkrone darstellen. Die Innenraumgestaltung ist stark farbig und von der Pop-Art beeinflusst.

Diese Architektur ist sehr von der Mode abhängig und es ist schwer vorauszusagen, wie sie sich entwickeln wird. Sie hängt stark von einzelnen Persönlichkeiten ab, zumal handelt es sich bei den Gebäuden um Einzelobjekte, die weder mit dem Ort noch mit der Geschichte oder einer Typologie verbunden sind.

Alessandro Mendini, Groninger Museum, 1994, Groningen, Niederlande

Die Kunstwelt des Groninger Museums ist durch ein Wasserbecken losgelöst von der übrigen Stadt. Dies entspricht dem Topos der künstlichen Insel als Ort, wohin sich Philosophen und Künstler zurückziehen, bekannt sowohl von der Hadriansvilla bei Tivoli als auch von der Rousseau-Insel in Ermenonville und den Zarenpalästen in Russland. Durch die Komposition der Baukörper und ihre farbige Gestaltung mit Zeichnungen, die an die Pop-Art sowie an modische Stoffentwürfe erinnern, erscheint das Gebäude selbst als Kunstwerk.

HERZOG & DE MEURON

Die Schweizer Jacques Herzog (geb. 1950) und Pierre de Meuron (geb. 1950) und ihr Büro sind wohl die interessantesten Vertreter der neuesten Architekturströmungen. Sie halten sich fern von allen kurzlebigen zeitgenössischen Tendenzen. Für Herzog & de Meuron ist jedes Gebäude mit eingehenden Studien und Entwicklungen verbunden. Sie prägen eine Architekturtendenz, da sie in beispielhafter Weise Formen, Strukturen, Techniken und Materialien miteinander verbinden, jedes Mal anders und immer sehr eigenständig. Das zentrale Stellwerk, das sie 1998 am Bahnhof Basel gebaut haben, ist mit horizontal verlegten Kupferstreifen verkleidet – das gleiche Material, aus dem auch die Maschinen im Gebäudeinneren bestehen. Diese Kupferstreifen sind im Bereich der Fenster ein wenig gebogen. Bei dem Neubau für das Weingut Dominus im Napa Valley, Kalifornien (1997), war eine natürliche Belüftung gefordert, außerdem sollte das Gebäude in die weitläufige Landschaft eingepasst werden. Deshalb entschieden sich Herzog & de Meuron dafür, nur ein einziges Material für den langen, flachen Baukörper einzusetzen – mit grobem Schotter gefüllte Gabionen, wie man sie zum Befestigen von Böschungen verwendet. Der Prada Tower in Tokio (2003) mit seinem fünfeckigen Grundriss ist völlig transparent. Die gesamte Fassade und auch das angeschrägte Pyramidendach sind mit dicht aneinandergesetzten Glasrhomben wie Bienenwaben besetzt. Die wohl größte Überraschung ist das von den Architekten gebaute Olympiastadion in Peking (2008), das als »Vogelnest« bekannt wurde. Die Stadionfassade ist eine scheinbar völlig ungeordnete Konstruktion aus Einzelelementen, die man nur schwerlich als Pfeiler, Träger oder Verstrebungen identifizieren kann. Der Bau ist tatsächlich vergleichbar mit den Zweigen und Halmen, aus denen Vögel ihre Nester bauen. Hinter dieser lebendigen und etwas willkürlich erscheinenden Struktur verbirgt sich die regelmäßige Ordnung im Inneren des Stadions. Derartige innovative Lösungen können vermitteln, wie man sich einer architektonischen Herausforderung stellt und sie löst, aber sie definieren keine eigene Architektursprache. Herzog & de Meuron stehen jenseits aller modischen Strömungen und überraschen mit immer neuen Projekten.

▶ **Oben**
Herzog & de Meuron, Olympisches Stadion, 2008, Peking
Das Stadion in Peking ist die neueste und wohl überraschendste Arbeit des Schweizer Architekturbüros. Wie immer entschieden sich Herzog & de Meuron für eine ausgeklügelte Technik und für die Schaffung einer bis ins letzte Detail ausgearbeiteten Gestalt. Das unverwechselbare Gebäude erinnert an ein Vogelnest: Es wurde mit einer organischen Konstruktion aus scheinbar ungeordneten Zweigen und Halmen in riesigem Maßstab errichtet.

▶ **Unten**
Herzog & de Meuron, Außenansicht der Dominus-Weinkellerei, 1997, Napa Valley, Kalifornien
Um den dahinterliegenden Raum natürlich zu belüften und ein schlichtes Gebäude mit natürlichen Materialien zu schaffen, entschieden sich Herzog & de Meuron für die Verwendung kubischer Gabionen, die mit grobem Schotter gefüllt und mit Eisendraht zusammengehalten sind. Der Einsatz von Gabionen, ein günstiges Material aus dem Straßenbau, hat hier innovativen Charakter.

Herzog & de Meuron, Prada Tower, 2003, Tokio
In einer der Straßen Tokios, in denen sich ein Modegeschäft an das andere reiht, fällt der Prada Tower aus der Reihe. Die Verkleidung ist wie eine Bienenwabe gestaltet und besteht aus großen Glasrhomben. Einige der Rhomben sind nach außen gewölbt und wirken wie Vergrößerungsgläser. Das Gebäude ist völlig transparent und stellt sein reinweißes Inneres zur Schau. Die Decken sind nicht ganz bis an die Fassade geführt, damit die Verglasung nicht unterbrochen wird.

ORTSREGISTER

FOTONACHWEIS

Akg-images, Berlin: S. 17, 59, 92, 101 oben, 134, 144, 145 (Bildarchiv Monheim); 117 (Hervé Champollion); 132 (Stefan Drechsel); 11, 93 oben (Hilbich); 65 (L. M. Peter); 146 (Reimer Wulf)

© Alamy/Granataimages, Mailand: S. 97 (Jim Batty); 100 (Pat Behnke); 155 (Bildarchiv Monheim); 101 unten (Tibor Bognar); 136 (Petr Bonek); 131 oben (David Borland); 106–107 (Marco Brivio); 147 (Bill Brooks); 119 oben (Richard Bryant/Arcaid); 119 unten (CW Images); 21 unten (Sarah Duncan); 151 oben (José Elias-Urban Landscape Series); 85 (Robert Fried); 21 oben, 123 unten (Sid Frisby); 90 (Steven Hambin); 135 (Jeremy Hoare); 22 (Peter Horree); 137 unten (ICSDB); 26 links (Imagebroker); 110 links (Andre Jenny); 4 (Michael Klinec); 56–57 (Russel Kord); 54 (Art Kowalsky); 41 (Richard Levine); 137 oben (Yamick Luthy); 103 (Megapress); 84 (Michele Molinari); 73 (Andrew Morse); 47 (David Muenker); 123 oben (David Noble Photography); 128 (o2 Architectural Photography); 36, 89 (Bernard O'Kane); 141 oben (Oso Media); 113 (Werner Otto); 20 links (Colin Palmer Photography); 74, 75 (Galit Seligmann); 157 oben (Sergiu Turcanu); 33, 43 unten, 149, 151 unten (View Pictures Ltd); 86 rechts (Mireille Vautier); 46 unten (Vision of America LLC)

Arcaid.co.uk: S. 66 (Richard Einzig); 50 links (Farrel Grehan); 115 (Ian Lambot); 142 (John Edward Linden); 35, 48, 52 (Alan Weintraub)

Archivio Mondadori Electa, Mailand: S. 10, 13, 29, 86 rechts; 120–121 (Marco Covi)

Architecturstudio HH-Herman Hertzberger, Amsterdam: S. 25 (Willem Diepraam)

© Artur: S. 15 (Madijd Asghari); 40 (Klaus Frahm); 27 (Jürgen Henkelmann); 110 rechts (Hans Muenchhalfen)

© Corbis: S. 91 rechts (Peter Aprahamian); 79, 109 (Yann Arthus-Bertrand); 31 (Bettmann); 53 (Richard Bryant/Arcaid); 49 (Farrel Grehan); 51 (Robert Holmes); 37, 46 oben, 98 rechts, 154 rechts (Angelo Hornak); 64 (Francis G. Mayer); 112 (Alan Schein Photography)
Eisenman Architects, New York: S. 138, 139

© fabpics/Alamy.com: S. 131 unten (Daniele Domenicali); 129 (Viennaslide)

Paolo Favole, Mailand: S. 9, 18 oben, 19, 20 rechts, 23, 28, 43 oben, 45 unten, 60, 61, 62, 63, 67, 68, 69 unten, 70, 71, 76, 77, 80, 81, 82 rechts, 86 links, 91 links, 94 unten, 95, 96, 98 links, 111, 114, 130, 148, 152, 153

Zaha Hadid Architects, London: S. 140

Roland Halbe, Stuttgart: S. 93 unten, 127, 141 unten

Carol Highsmith: S. 143

Timothy Hursley: S. 99

Institut Français d'Architecture, Fonds André Lurçat, Paris: S. 8

Lessing/Contrasto, Mailand: S. 112

Marco Introini, Mailand: S. 78

© Marka, Mailand: S. 55 (Kord.com)

Jean Nouvel, Pars: S. 126 (Philippe Ruault)

Photolibrary, London: S. 7 (Hughes Hervé)

Prada, Mailand: S. 156

Renzo Piano Building Workshop: S. 125; 124 (Aldo Ippoliti)

Planet Photo: S. 106 (Bent Ryberg)

Richard Rogers Partnership, London: S. 118

© Scala Group, Florenz: S. 12 rechts, 14; 39 unten (BPK, Bildagentur für Kunst, Kultur und Geschichte, Berlin); 102 oben (Digital Image, The Museum of Modern Art, New York); 12 links (Pediconi)

Julius Schulman: S. 44

Vaclav Sedy, Mailand: S. 45 oben

Staatliche Museen, Preußischer Kulturbesitz, Kunstbibliothek, Erich Mendelsohn Archiv, Berlin: S. 38
Studio Mario Botta, Lugano: S. 133 (Robert Canfield)

The Frank Lloyd Wright Foundation, Taliesin West, Arizona: S. 32

Umschlagvorderseite: Frank O. Gehry, Guggenheim Museum, Bilbao, Spanien, 1998, vgl. S. 144–145
(© JAM WORLD IMAGES / Alamy)
Umschlagrückseite: Daniel Libeskind, Royal Ontario Museum, Toronto, 2007, vgl. S. 147
(© Bill Brooks / Alamy)

Die Deutsche Nationalbibliothek verzeichnet diese Publikation in der Deutschen Nationalbibliografie; detaillierte bibliografische Daten sind im Internet über http://dnb.d-nb.de abrufbar.

Prestel Verlag, München
in der Verlagsgruppe Random House GmbH
Neumarkter Straße 28
81673 München
Tel. +49 (0)89 4136-0
Fax +49 (0)89 4136-2335

www.prestel.de

Projektleitung Verlag: Curt Holtz
Übersetzung aus dem Italienischen: Laila Neubert-Mader, Ettlingen
Lektorat: Christiane Weidemann, Berlin
Projektmanagement: Büro für Lektorat & Producing, Dr. Doris Hansmann, Köln
Umschlag: Sofarobotnik, Augsburg & München
Herstellung: Astrid Wedemeyer
Satz: Vornehm GmbH, München
Druck und Bindung: Mondadori Printing, Verona, Italien

ISBN 978-3-7913-4594-9

FSC
www.fsc.org
MIX
Papier aus verantwortungsvollen Quellen
FSC® C018290

Verlagsgruppe Random House FSC-DEU-0100
Das für dieses Buch verwendete FSC-zertifizierte Papier
Respecta Satin liefert Burgo cartiere (Italien).